PSICOGENEALOGÍA

Hijos enfermos de sus padres

La información contenida en este libro se basa en las investigaciones y experiencias personales y profesionales del autor y no debe utilizarse como sustituto de una consulta médica. Cualquier intento de diagnóstico o tratamiento deberá realizarse bajo la dirección de un profesional de la salud.

La editorial no aboga por el uso de ningún protocolo de salud en particular, pero cree que la información contenida en este libro debe estar a disposición del público. La editorial y el autor no se hacen responsables de cualquier reacción adversa o consecuencia producidas como resultado de la puesta en práctica de las sugerencias, fórmulas o procedimientos expuestos en este libro. En caso de que el lector tenga alguna pregunta relacionada con la idoneidad de alguno de los procedimientos o tratamientos mencionados, tanto el autor como la editorial recomiendan encarecidamente consultar con un profesional de la salud.

Título original: CES ENFANTS MALADES DE LEURS PARENTS
Traducido del francés por Cristina Brodin Valero
Diseño de portada: Editorial Sirio, S.A.
Maquetación: Toñi F. Castellón

© de la edición original
Éditions Payot & Rivages, 2015

© de la presente edición
EDITORIAL SIRIO, S.A.
C/ Rosa de los Vientos, 64
Pol. Ind. El Viso
29006-Málaga
España

www.editorialsirio.com
sirio@editorialsirio.com

I.S.B.N.: 978-84-19685-40-7
Depósito Legal: MA-1366-2023

Impreso en Imagraf Impresores, S. A.
c/ Nabucco, 14 D - Pol. Alameda
29006 - Málaga

Impreso en España

Puedes seguirnos en Facebook, Twitter, YouTube e Instagram.

El papel utilizado para la impresión de este libro está **libre de cloro** elemental (ECF) y su procedencia está certificada por una entidad independiente, no gubernamental, que promueve la sostenibilidad de los bosques.

Anne Ancelin Schützenberger

autora de
Psicogenealogía.
Sanar las heridas familiares y encontrarse a uno mismo

Ghislain Devroede

PSICOGENEALOGÍA

Hijos enfermos de sus padres

EDITORIAL
SIRIO

De los mismos autores

Anne Ancelin Schützenberger, *Psicogenealogía: sanar las heridas del alma y encontrarse a uno mismo*, Sirio, 2021.

Anne Ancelin Schützenberger, *Le Psychodrame*, Payot, 2008.

Anne Ancelin-Schützenberger y Évelyne Bissone-Jeuffroy, *Salir del duelo. Superar el dolor y reaprender a vivir*, Taurus, 2007.

Anne Ancelin Schützenberger, *Le plaisir de vivre*, Payot, 2021.

Anne Ancelin Schützenberger, Patrice Van Eersel, Catherine Maillard, *¡Ay, mis ancestros!*, Taurus, 2013.

Anne Ancelin Schützenberger, *Le Jeu de rôle*, París, ESF, 1995.

Ghislain Devroede, *Ce que les maux de ventre disent de notre passé*, Payot, 2003.

Ghislain Devroede, *Chacun peut guérir*, Payot, 2009.

Ghislain Devroede et André Petrowski, *Lettres d'un homme à un autre*, Payot, 2012.

ÍNDICE

INTRODUCCIÓN

*Los padres comieron las uvas agrias
y a los hijos les da dentera.*

La Biblia, Jeremías 31, 29-30

Todos los niños están en consonancia con sus padres, para lo bueno y para lo malo. Si la consonancia es armoniosa, el bebé se desarrollará como una flor. Pero si la madre está angustiada, en duelo o demasiado «cansada», el niño también lo reflejará. No es por tanto sorprendente que los problemas familiares no resueltos, los traumas y los secretos hagan sufrir a la descendencia.

Todos hemos sido criados por adultos: ya sea por ambos padres, si estos permanecieron juntos, o por uno de ellos, o por nuestros abuelos o padres sustitutos, o incluso por trabajadores sociales en orfanatos y otros lugares. Sus problemas, angustias, traumas, enigmas y secretos nos han marcado más de lo que pensamos, y ciertamente más de lo que estos adultos saben o están dispuestos a admitir.

Algunos traumas se silencian porque son demasiado duros, «indecibles». Los padres o abuelos no los han «digerido», metabolizado, hablado. Se ha formado un secreto que pesa sobre los hombros de los hijos a través de generaciones, llegando incluso a provocar en ellos, al menos esa es nuestra hipótesis aquí, trastornos somáticos.

La mayoría de los niños han tenido padres «suficientemente buenos» o han sabido arreglárselas (niños «resilientes»), pero no es el caso de todos. Durante su juventud y más tarde cuando se convierten en adultos, los niños enfermos de sus padres sufren de forma intensa y de diversas maneras. Muchos, por ejemplo, tienen un «dolor de estómago» que les «arruina la vida». Sin embargo, hoy en día sabemos que las enfermedades y los dolores digestivos están a menudo relacionados con traumas personales, entre los que se encuentran los abusos sexuales, pero que también pueden estar relacionados con traumas familiares, como los casos de traumas de guerra, muertos mal enterrados (fosas comunes, por ejemplo) o duelos no resueltos, carencias afectivas o separaciones abruptas debido a una hospitalización o enfermedad grave de la madre o del padre, o peor aún, su fallecimiento.

Estos niños repetirán a menudo los síntomas del progenitor del que fueron separados cuando su propia descendencia alcance la edad que ellos tenían en el momento del trauma inicial. Esto se conoce como el «síndrome del aniversario», el cual, según ha demostrado Anne Ancelin Schützenberger, puede repetirse de generación en generación. La cuestión no está en si fue culpa o no de los padres. Estos hicieron lo que pudieron con los medios a su alcance y es inútil buscar culpables. A veces, incluso es en los bisabuelos donde se encuentran los problemas y traumas originales. En cualquier caso, los niños sufren, a menudo a través de varias generaciones. Sufren en sus mentes, pero sus cuerpos también padecen. Tienen «dentera» porque sus padres «comieron uvas agrias»...

Este libro está basado en los resultados de los estudios científicos cuya lista se encuentra al final, en la bibliografía (un glosario también explica los términos técnicos y médicos utilizados). Asimismo, se basa en las observaciones que hemos podido hacer a través de nuestra práctica. El libro contiene hechos probados, comprobados, irrefutables, pero cuando faltan datos fiables, también ofrece pistas, intuiciones, hipótesis.

Hablaremos mucho del estómago en las siguientes páginas, pero no será de lo único. El estómago es solo un ejemplo, y volveremos a él en la conclusión.

Hablaremos también de abusos sexuales, pero una vez más intentaremos que nuestras palabras no se limiten únicamente a este tipo de casos. Algunos niños, cuyos padres sufrieron abuso sexual en su juventud y nunca lo mencionaron, sufren de trastornos digestivos funcionales. Otros están siempre alerta, con los músculos tensos, listos para reaccionar. Otros sufren otro tipo de trastornos. Lo más sorprendente es que algunos se curan repentinamente cuando el padre o la madre comienza una terapia para liberar su dolor.

Si un sufrimiento psíquico puede transmitirse a lo largo de varias generaciones, en este libro también hemos querido mostrar que esa transmisión afecta a las disfunciones corporales. Cuando las cosas no se dicen, el cuerpo puede expresarlas a veces: en eso consiste la somatización. El cuerpo del niño, del nieto, del bisnieto, sin importar su edad, se convierte en el lenguaje del ancestro herido, la «voz» de sus traumas.

Por lo tanto, es necesario sacar a la luz oscuros secretos, descodificar y curar las heridas que no se han cerrado para liberarse al fin del «peso» con el que uno carga.

Capítulo I

EL CUERPO DEL HIJO COMO «VOZ» DE LA HISTORIA DE SUS PADRES

¡Niños que aprenden a ponerse enfermos!

En 2001, R. L. Levy y sus colegas demostraron que los niños pueden *aprender* a tener dolor de estómago, estar estreñidos y tener diarrea en su intento de remedar, a través de sus cuerpos, aquello que hace sufrir a sus padres. El estudio que llevaron a cabo, que incluyó a un grupo de más de quince mil pares de gemelos y mellizos así como a sus padres, demuestra que nuestro entorno tiene tanta importancia en la génesis de los trastornos digestivos funcionales como nuestras características físicas, genéticas o hereditarias.

Algunos bebés están estreñidos desde que nacen. Su problema no es orgánico, no sufren de una enfermedad congénita como la enfermedad de Hirschsprung,[*] que requiere una operación quirúrgica obligatoria. Tampoco se

---

[*] Ver glosario.

trata de un problema de alimentación. En el caso de estos bebés, es como si un acontecimiento hubiera tenido lugar durante el parto, o incluso antes, cuando todavía estaban en el vientre de su madre, y que dicho acontecimiento hubiera impactado en su sistema digestivo. Es como si su cuerpo hubiera expresado una problemática mucho más global y psicosomática. De hecho, estos niños no se diferencian, en términos de motricidad anal y rectal, de aquellos que desarrollan este tipo de estreñimiento más tarde, claramente ligado al aprendizaje de ir al baño.

He aquí un tercer elemento (en este caso se trata de adultos): el cincuenta por ciento de las mujeres que sufren de colopatía funcional* (o síndrome del intestino irritable) han padecido abusos durante su infancia, dos tercios antes de los catorce años. Por otro lado, encontramos con mayor frecuencia historias de abusos sexuales en sujetos que sufren trastornos digestivos funcionales en la parte inferior del sistema digestivo (colon, recto, ano) que en aquellos cuyos trastornos afectan a la parte superior del tubo digestivo (esófago, estómago).

Estos tres elementos nos servirán para entender lo siguiente.

Freud, los abusos sexuales y los falsos recuerdos

Durante mucho tiempo, nadie, ¡ni siquiera los médicos!, quería escuchar las desgracias ni el sufrimiento de los niños. Todo el mundo se ponía de acuerdo en negar la existencia de los abusos sexuales. Incluso Freud evitó hablar

---

* Ver glosario.

de ello. Huyendo de las historias de incesto que escuchaba, prefirió elaborar el complejo de Edipo «olvidando» que este último no mató a Layo, su padre, con la intención de acostarse con Yocasta, su madre. Freud también ocultó un hecho crucial.

Layo, que era huérfano, fue acogido por un rey que ya tenía un hijo y mató a este último después de tener una relación homosexual con él. Como resultado, los dioses lo condenaron a no tener hijos nunca ya que de lo contrario su hijo lo mataría más tarde y tendría relaciones sexuales con su esposa. Ya convertido en el padre de Edipo, Layo se acordó de esta profecía y junto con Yocasta, su esposa, decidió matar al recién nacido «exponiéndolo», es decir, abandonándolo en la montaña, colgado de los pies, para que las bestias salvajes lo devoraran. Los pies de Edipo se hincharon, se le hicieron edemas, de ahí el nombre de Edipo (*Oidipus* en griego antiguo, que significa 'el de los pies hinchados').

Más adelante, Edipo se castigó al descubrir su «culpa» por haber matado a su padre y haber tenido relaciones sexuales con su madre. ¿Se cortó la mano derecha con la que, sin saberlo, había matado a su padre, como era corriente en esa época? No. ¿Se cortó acaso el sexo con el que, sin saberlo, había tenido relaciones con su madre (engendrándole de paso varios hijos)? Tampoco. Edipo se sacó los ojos. Tras haber sufrido y recapacitado, comprendió que su gran error fue no haber «visto» la historia familiar y personal en la que había «caído», no darse cuenta de que provenía de una familia cuyos miembros estaban inmersos en la misma problemática desde generaciones.

En cualquier caso, ¡menudos padres! Egoístas, injustos y criminales... ¡Y Freud va y transforma sus observaciones en una teoría de fantasías según la cual un niño puede «inventar» una historia de abusos sexuales! Era como ponerse del lado de los abusadores en vez del de los abusados. ¿Pensaba acaso que los padres siempre tienen razón y que los hijos siempre se equivocan? Sabemos perfectamente que se trata de un error, pero es en todo caso, en cierta manera, lo que deja pensar la teoría de las fantasías, demasiado a menudo ligada a verdaderos abusos. Esta teoría contribuye por otro lado a perpetuar el proceso de «victimización» sumamente frecuente entre las víctimas de abusos sexuales que pasan de un abusador a otro.

Sugerir un vínculo entre los abusos sexuales y síntomas tan banales como el dolor de estómago crónico, el estreñimiento o la diarrea, que constituyen la esencia del síndrome del intestino irritable, es enfrentarse a mecanismos de negación similares. Se logró un gran avance en ese sentido cuando se creó en Quebec la Oficina de Protección de la Juventud. Las leyes han sido modificadas de manera que cualquier denuncia, incluso falsa o basada en sospechas malsanas, no puede conducir a una condena del denunciante por difamación. En Francia, los esfuerzos recientes van en la misma dirección. La confidencialidad de las investigaciones se supone que protege a los supuestos abusadores, sin embargo, la consecuencia es un aumento exponencial del número de casos de abuso sexual presentados ante la justicia.

La prueba más evidente es obviamente aquella en la que el abusador reconoce su culpa. En este caso, está muy claro que la teoría de los fantasmas es nula y no procede. Un poco menos convincente, la demostración por parte de la justicia de que hubo abuso puede servir como sustituto de la confesión. Finalmente, encontramos situaciones en las que el abusador no reconoce su culpa y en las que la policía no logra probar el abuso. La historia es entonces mucho más difusa y difícil de demostrar. Es importante recordar ahora que hubo un tiempo en el que algunos terapeutas sugerían literalmente a algunas personas que habían sufrido abusos, incluso cuando no se quejaban de ello. Se construyó entonces una teoría llamada de falsos recuerdos, donde la influencia del cuidador induce una pseudomemoria de abuso sexual. La falsa acusación de incesto también se ha utilizado en algunos casos de divorcio.

¿Quién miente menos?

Nuestro cuerpo es más fiable que nuestros recuerdos: de hecho, es posible encontrar los estigmas corporales de una historia de abuso sexual. Si el cuerpo tiene memoria y si los sujetos que han sufrido abusos se diferencian a nivel corporal de aquellos que no los han sufrido, entonces se hace mucho más difícil alegar un falso recuerdo. Un buen ejemplo de ello es el caso del anismo.* Esta anomalía es un excelente marcador de una historia de abuso sexual. ¿De qué se trata? Por norma, cuando alguien empuja para defecar, su ano se relaja para dejar pasar las heces. En el caso del anismo ocurre lo contrario: el ano se cierra en lugar de abrirse.

---

* Ver glosario.

Casi todas las mujeres que han sufrido abuso sexual padecen de anismo. Esto no significa, por supuesto, que ocurra también a la inversa: es decir, no todo el que padece anismo ha sufrido abusos. Sin embargo, se sabe que en casos de anismo se encuentran diez veces más historias de abuso sexual que cuando no lo hay. Esto lo convierte en una señal clínica extremadamente útil en la práctica médica, ya que la gran mayoría de los médicos realizan en algún momento un examen rectal. Solo es necesario agregar una simple indicación: pedirle al paciente que empuje como si se fuera a defecar, en el momento del examen. Si el paciente contrae el ano durante el empuje, el médico puede establecer un diagnóstico de anismo y pensar que la probabilidad de abuso sexual es importante.

Cierto es que no hay certeza de abuso hasta que la pregunta no se ha formulado explícitamente. Dado que la información se transmite a través del cuerpo, tampoco es imprescindible que el médico haga la pregunta en ese preciso momento. Puede esperar a que se produzca una situación más idónea una vez que se haya establecido una relación de confianza.

Una penetración anal que provoca dolor de estómago puede ser también un indicio de una historia de abuso sexual. Aún no se ha confirmado científicamente, pero es una pista interesante ya que la penetración anal está implícita en multitud de exámenes médicos, como el exámen rectal, la proctoscopia,* la colonoscopia** o el enema de bario.

---

* Ver glosario.
** Ver glosario.

El médico debe estar alerta ante la posibilidad de una historia de abusos si la penetración causa dolor abdominal, ya que en ese caso, para que haya una reacción en el abdomen, el mensaje debe haber sido percibido necesariamente en el cerebro y desencadenar una respuesta abdominal, que no está en comunicación directa con el canal anal desde un punto de vista neurológico.

El anismo es una disociación somática. Una parte del cerebro envía un mensaje que consiste en empujar, aumentar la presión en el recto para intentar defecar, mientras que otra parte del cerebro envía la orden opuesta al ano: contraerse para evitar la defecación. No es sorprendente encontrar tal disociación* en víctimas de abuso sexual, ya que la víctima a menudo se disocia psicológicamente para no sufrir tanto como en el momento del abuso. Existe el ejemplo de una mujer que tenía un ataque de nervios cada vez que veía un cierto tipo de papel pintado. Un día se acordó del papel pintado de la habitación donde su padre la violaba cuando era pequeña. Se sumergía mentalmente en el papel pintado para dejar de sufrir. Esto implica una escisión de la personalidad en dos partes, una víctima que sufre y una observadora que no sufre, más o menos presente en la escena del crimen.

La disociación puede conducir a la resiliencia, ya que la parte que observa se desarrolla, mientras que la parte que sufre se sumerge en el caos y la dependencia. La parte relativamente sana e intacta del individuo puede tomar tres caminos: la mentira, la mitomanía y la ensoñación. En

---

* Ver glosario.

los tres casos, se trata de proporcionarle una sensación de seguridad. La mentira se utiliza para ocultar la realidad y protege como un bastión. La mitomanía se emplea para compensar el vacío y protege como una imagen seductora: el mitómano miente como respira, porque si dejara de mentir, dejaría de respirar. La ensoñación da forma al ideal de uno mismo y provoca un deseo que invita al soñador a transformar su vida, como un puente levadizo que se abre hacia el campo. Si no hay campo, el puente levadizo no conduce a nada y el niño queda prisionero de lo que ha inventado. Es la relación con los demás, con la familia, con la sociedad, lo que puede transformar la ensoñación en creatividad o, por el contrario, en ilusión. Así sucede con las víctimas de abuso sexual, que sufren un trauma catastrófico de falta de reconocimiento de la alteridad y de utilización del cuerpo en lugar del amor, lo que equivale a una muerte psíquica. A pesar de esto, algunos sujetos resilientes son capaces de superar el trauma. Sin embargo, siguen siendo frágiles, ya que su resiliencia está construida sobre la culpa.

Existe otra contrapartida psicológica al fenómeno fisiológico del anismo. El impacto de dos órdenes contradictorias dadas al mismo tiempo ha sido estudiado por psicoanalistas y antropólogos de la escuela de Palo Alto bajo el nombre de «doble vínculo» (*double bind*).[*]

---

[*] N. de la E.: En su libro *Psicogenealogía* (Editorial Sirio, 2021), Anne Ancelin Schützenberger comenta: «En *Kinesics and Context*, Ray Birdwhistell mostró ejemplos filmados de la relación de *double bind* (doble vínculo) entre la madre y el bebé; un doble mensaje, contradictorio e imperativo, que provoca un repliegue o una estupefacción en el niño, y que se encuentra a menudo en las familias psicóticas o psicógenas.

Encontramos esto en madres de niños esquizofrénicos. Cuando una madre o una imagen materna insiste simultáneamente en dos órdenes imperativas pero completamente opuestas, y el padre o la imagen paterna está física o mentalmente ausente, la orden no puede ser detenida porque la figura que la emite no tiene contrapartida. La orden contradictoria se interioriza, para el niño es imposible expresarla. El niño se queda de piedra, inmóvil. Así, una paciente expresó lo siguiente, de manera brillante, acerca de su madre: «Me ordenaba que tuviera confianza en mí misma y, al mismo tiempo, siempre quería tener razón y me decía que ella tenía más experiencia...».

Con la doble orden del anismo se puede establecer fácilmente un paralelismo con el vaginismo: hay que abrir el ano para defecar y al mismo tiempo cerrarlo a la penetración y la invasión del cuerpo cuando se produce un abuso sexual o ante el miedo de que este se produzca. Sin embargo, hemos de destacar una diferencia: en el vaginismo se trata de un cierre a la penetración, mientras que en el anismo se trata de un cierre a la expulsión. Los psicoanalistas nos han enseñado que, en la representación inconsciente del cuerpo, existe una equivalencia entre el pene, el excremento y el feto: es probablemente en esta dirección en la que hay que buscar el origen del anismo en caso de abuso sexual.

En el doble vínculo, las cosas no se dicen, las instrucciones son confusas y contradictorias, y se prohíbe hablar».

Somatización y trastornos ficticios

La somatización y la imaginación son dos cosas diferentes. Sin embargo, se las confunde a menudo. Cuando los médicos explican a sus pacientes que sus trastornos digestivos se deben a la somatización, a veces el paciente reacciona respondiendo con un «ya está..., usted es como los demás, piensa que todo está en mi cabeza». Sin embargo, la somatización es la expresión de emociones a través del cuerpo, pero es un trastorno real, mientras que la imaginación tiene que ver con trastornos ficticios. He aquí un ejemplo. Una enfermera de unos cincuenta años va al médico porque se siente cansada. Le encuentran una anemia hipocrómica, es decir, provocada por falta y pérdida de hierro. Al estar este tipo de anemia la mayor parte del tiempo causada por menstruaciones muy abundantes, se empieza a investigar sobre la fisiología genital de la paciente, pero resulta que ya no tiene la regla, le han extirpado el útero... Hay que encontrar entonces la causa de la pérdida de sangre. De hecho, se le descubre sangre en las heces. Se suceden las pruebas endoscópicas y radiológicas pertinentes. Pero contra todo pronóstico, el intestino grueso está perfectamente normal. No hay por tanto cáncer de colon.

Ante las pérdidas sanguíneas, la anemia hipocrómica y la falta de hierro, el médico cree entonces que la causa puede ser una lesión situada más arriba del tubo digestivo. Pero una vez más se confirma que tanto el esófago como el estómago y el intestino delgado están bien. Vuelve entonces a verificar el estado de la sangre y las pérdidas sanguíneas digestivas, que se vuelven a confirmar...

¿La clave del misterio? En su ausencia, mientras la paciente sale de su habitación para que le hagan una prueba de rayos, encuentran en un armario jeringuillas llenas de sangre. ¡Resulta que se pincha las venas para sacarse sangre y luego se la bebe! De ahí la anemia hipocrómica y la sangre en las heces...

Así es un trastorno ficticio: una enfermedad imaginaria.

La somatización en cambio es muy diferente.

En situaciones de crisis aguda, los vínculos entre la mente y el cuerpo se establecen a través de conexiones psico-fisiológicas, y cuando el estrés es crónico, a través de los canales psico-neuro-inmunitarios. Dos mecanismos fisiológicos forman parte de las respuestas al estrés postraumático. Por ejemplo, la ira, que no es una enfermedad, provoca la contracción del colon y la relajación del estómago. Es bastante lógico: en situaciones de peligro (y la cólera implica una posibilidad de pelea), no es momento ni de vomitar ni de defecar.

De este modo, el colon se cierra por las contracciones y el estómago se relaja debido a la inhibición del antro gástrico.* Pero esto ocurre a una escala mucho mayor en quienes sufren de colon irritable. Estas personas tienen por otro lado grandes dificultades para expresar sus emociones. No sufren de estrés con más frecuencia que el resto de las personas, pero cuando se les pide que evalúen la gravedad de los acontecimientos estresantes, tienden a

---

* N. de la T.: El antro es la parte inferior del estómago. El antro retiene el alimento descompuesto hasta que esté listo para ser liberado en el intestino delgado. También llamado *antro pilórico*.

decir «bah» y no captan completamente el impacto de lo que les está sucediendo. En lugar de enfadarse, estas personas somatizan en el estómago y el colon.

La ira ha sido estudiada tanto por psicólogos sociales como por psicoanalistas y osteópatas. Es ampliamente considerada como un factor importante en las reacciones psicosomáticas y especialmente en lo referente a la historia personal y el enfoque hacia los acontecimientos de la vida. La expresión *danza de la ira* fue acuñada por terapeutas de familia feministas (Harriet Lerner Goldhor[*]) para describir relaciones familiares difíciles y repetitivas. Los niños suelen asociar la ira con lo injusto. Esto es lo que dicen acerca de violaciones, incesto, abusos sexuales, recibir golpes y cualquier otra forma de maltrato familiar o social. También hablan de injusticia cuando han sufrido terribles pérdidas a una edad temprana o tienen dificultades familiares de diversa variedad y secretos familiares imposibles de digerir. La expresión *trabajo no terminado* se acuñó a principios del siglo pasado para describir lo que permanece en la mente y la memoria en este tipo de problemática. Tras los estudios de Bluma Zeigarnik[**] en 1927 sobre tareas interrumpidas o no terminadas (*unfinished business*[***]), los psicólogos sociales lo llaman el efecto Zeigarnik.[****] Recientemente, bastantes estudios

---

[*]   N. de la T.: Psicóloga clínica estadounidense (1944-).
[**]   N. de la T.: Psicóloga rusa (1900-1988).
[***] N. de la T.: En inglés en el original.
[****] N. de la E.: En su libro *Psicogenealogía* (Editorial Sirio, 2021), Anne Ancelin Schützenberger lo explica así: «Es importante acabar una tarea, porque nuestro organismo tiende a cerrar cualquier *gestalt,* cualquier trabajo iniciado y no terminado –ese es el efecto

han permitido comprender mejor los linajes de maldiciones familiares. Incluso se ha demostrado que se puede observar una «coincidencia» entre la edad que tenía un paciente en el momento en que uno de sus padres falleció prematuramente o fue hospitalizado o internado y la edad de su propio hijo o hija. La niña «herida», ya convertida en adulta y madre de familia, es hospitalizada por enfermedad mental cuando uno de sus hijos, ya sea el mayor o el menor, alcanza la edad que la paciente tenía cuando su padre falleció o fue hospitalizado o internado en un hospital psiquiátrico. La relación estadística es significativa. También es posible encontrar una similitud de imitación de síntomas y síndromes en estas condiciones (trabajos de Joséphine Hilgard[*] retomados por Anne Ancelin-Schützenberger).

Existen lazos transgeneracionales con el malestar familiar y su disfunción, con los traumas familiares y con el tratamiento inacabado de sucesos injustos, con la ira no expresada, con fallecimientos traumáticos... ¿Se pueden

---

Zeigarnik–, al igual que no te puedes quedar en una "respiración sin llegar al final, sin llegar a espirar", igual que se necesita finalizar una frase empezada aunque el interlocutor diga: "Ya lo sé". Es una necesidad humana normal. Mientras la tarea siga inacabada, habrá tensión interior y no se estará disponible para nada más. De repente, se le da vueltas al pasado, y a lo que podrías haber hecho o dicho, para que las cosas hubieran sucedido de otro modo. Completar el trabajo permite "pasar página", abrir puertas al presente y al futuro con el fin de estar disponibles para otra cosa. Completar una tarea inconclusa significa volver sobre ella, para cerrar la relación con la persona amada, temida u odiada, esté esta persona viva o haya muerto hace varios siglos».

[*]   N. de la T.: Psicóloga, psiquiatra y psicoanalista estadounidense (1906-1989).

encontrar las mismas conexiones en cuanto a la somatización acaecida en los descendientes, teniendo en cuenta que muchas somatizaciones ocurren en trastornos de estrés postraumático y que las víctimas de traumas no son todas capaces de reparar el daño psicológico que se les ha hecho antes de su muerte, y ciertamente no antes de concebir hijos?

Capítulo II

SECRETOS DE FAMILIA

Hay secretos y secretos. Todos tenemos derecho a nuestro «jardín secreto» y nuestra intimidad. Cada uno tiene el deber y el derecho de preservarse del resto, incluida su propia familia. Nadie le debe «toda la verdad» a nadie (salvo por supuesto en el caso del secreto de confesión o ante una investigación judicial).

Sin embargo, guardar un secreto por el «bien» de sus hijos a menudo les causa un gran daño. Los secretos de familia pueden ser devastadores. Asesinatos, violaciones, incesto, abortos, bancarrotas, embriaguez, enfermedades mentales, temporadas en prisión, orígenes étnicos, afiliaciones políticas o religiosas…, cualquiera que sea la vergüenza ligada a un acontecimiento guardado en secreto, esta siempre queda por debajo de lo que los hijos o nietos que buscan la «verdad» puedan imaginar, ya que muchas de las cosas que hoy consideramos normales (por ejemplo, un nacimiento antes del matrimonio) provocaban dramas en los siglos XIX y XX.

Almacenar el sufrimiento

Una «lealtad familiar invisible» pero opresiva lleva a algunas personas a ser sensibles a acontecimientos que ocurrieron a una determinada edad, en una fecha específica, en un período concreto, y hace que sean frágiles en esos momentos, hasta el punto de caer enfermas o tener un accidente. Ciertamente, una mujer puede desarrollar una enfermedad mental cuando su hijo alcanza la edad que ella tenía el día en que su madre falleció en circunstancias trágicas o bien fue internada en un hospital psiquiátrico u hospitalizada (síndrome del aniversario). Según Joséphine Hilgard, la conexión es estadísticamente significativa de abuela a madre y a hija.

Pero el ser humano no dispone únicamente de su psiquismo para expresarse. Nos expresamos con palabras, pero también a través del «lenguaje corporal», los gestos, la postura, la ropa, la sexualidad, las emociones, la forma de utilizar el espacio y el tiempo... y nuestros silencios.

Las enfermeras saben bien que eso también ocurre con las heridas, los síntomas y las enfermedades. Y son ellas las que nos han ayudado a entender lo que hoy en día se conoce como la ganancia secundaria.[*]

Si una persona ha tenido que desarrollar, por su propia voluntad o por la fuerza, una actitud estoica frente a todo sufrimiento corporal durante su infancia, esta persona tendrá tendencia a ignorar más adelante esa sintomatología corporal, hasta el punto de enfermar brutalmente,

---

[*] N. de la T.: La ganancia secundaria hace referencia a todas las ganancias o ventajas que el paciente recibe debido a su dolencia. Este fenómeno opera a nivel inconsciente.

de manera grave, ante una crisis que no reconoce como tal. A la inversa, si un niño solamente recibe la atención de sus padres cuando cae enfermo, va a desarrollar una actitud en la que la enfermedad es un «bien» que equivale a una satisfacción de una demanda de atención inmediata. Ante una patología, tenemos siempre que buscar el sentido. A menudo este se encuentra escondido y a veces incluso es imposible descubrirlo, pero ello no significa que no debamos intentarlo. La «fatalidad» no puede ser la única causa de una enfermedad.

Ya se trate de incesto o bien haya sido perpetrado fuera del círculo familiar, el abuso sexual, sea del tipo que sea, constituye siempre una tragedia para la víctima. Nadie puede negar esto. Si el niño evoluciona en un entorno sano, podrá, como Boris Cyrulnik demostró tan bien en su libro *La maravilla del dolor: el sentido de la resiliencia*, ser resiliente y desarrollar la capacidad de curarse. En caso de abuso sexual, los factores de riesgo de secuelas graves dependen mucho del entorno. Entre esos factores se encuentra la edad temprana en la que el abuso ha sido perpetrado (menos de diez años), la violencia física con que se comete, la repetición del abuso, la presencia de lazos familiares con el agresor y sobre todo si el niño tiene o no la capacidad de consolarse, o al menos de hacer que el entono reconozca el hecho, el abuso. Si esa capacidad está ausente, o si se niega el trauma del abuso, como durante mucho tiempo fue costumbre, en forma de acusaciones de mentira, de «fabulación», de exageración, de fantasía de complejo de Edipo, el sufrimiento será entonces almacenado.

Sabemos que tras haber sufrido traumas físicos violentos, como por ejemplo heridas de guerra o accidentes graves, puede aparecer lo que se conoce como estrés postraumático.

Por regla general, se trata de un desequilibrio global, mental y físico del funcionamiento de la persona que implica que un cierto equilibrio, más o menos precario, presente antes de la agresión o el trauma, desaparece como consecuencia del suceso, y que ese equilibrio no se recupera fácilmente. De esta forma, tras un accidente de tráfico, es importante preguntar a la víctima si tiene pesadillas recurrentes relativas al accidente.

Este síndrome es mucho más corriente de lo que nos podemos imaginar, aun cuando la mayoría de los doctores no hacen la pregunta a la persona que ha tenido el accidente. Sin embargo, un verdadero trabajo de duelo mental debe hacerse en las semanas y meses que siguen al accidente, trabajo a través del cual el sujeto aprende a integrar y gestionar, a nivel de su inconsciente, lo que ha vivido como una invasión cataclísmica de su persona. Es fácil entonces comprender que cuando un niño ha sufrido abusos sexuales en un entorno perjudicial, donde no podía ser consolado ni reconocido como víctima de abuso, la memoria global de este delito se convierta en un secreto de familia.

Cuando el niño se convierte en adulto, se le ofrece la posibilidad de liberarse de los lazos familiares y por tanto confiarse a personas externas, terapeutas profesionales o relaciones personales, que le permitirán airear la memoria emotiva de ese trauma. Surge entonces la cuestión de la naturaleza de una cura profunda que hace que el recuerdo del abuso sexual se convierta en algo meramente factual y no esté cargado de una memoria afectiva no expresada en el momento de la agresión. Es relativamente poco común que este trabajo de duelo se pueda hacer durante el curso de la existencia, en particular antes de concebir un hijo y durante su vida intrauterina. Por ejemplo, cuando una mujer ha sufrido abusos sexuales, corre un alto riesgo de tener que someterse a una cesárea debido a que el paso por las vías genitales se ve gravemente afectado por una marcada hipertonía de los tejidos. De la misma forma, se sabe que una madre y su feto duermen aproximadamente durante los mismos períodos y que, en concreto, si la madre sueña, el feto sueña también. Ignoramos si la madre y el feto sueñan lo mismo, pero podemos hipotetizar que se realiza una transmisión inconsciente entre ellos durante esos períodos de sueño sincronizado. Por desgracia, esta hipótesis no está demostrada científicamente.

Una historia de abuso sexual le ocurre, en el peor de los casos, a un veinte por ciento de la población; no es por tanto el caso de la mayoría. Incluso en sujetos que sufren de colopatía funcional, presente también en un veinte por ciento de la población sean cuales sean los estudios epidemiológicos, la prevalencia de un abuso sexual, de una parte y otra del Atlántico, es tan «solo» del cincuenta por ciento.

Sin embargo, como ya hemos visto, la «ventaja» de detectar una historia de abuso sexual en el origen de cualquier afección física es que la definición legal del abuso es razonablemente precisa y limitada. Se trata de un acto impuesto por una figura que domina, y no de juegos inocentes en la época del descubrimiento de la sexualidad; no se trata de niños que se descubren mutuamente en el plano sexual (a veces los niños lo llaman «jugar a los médicos»), y ha de estar implicada una parte del cuerpo claramente ligada a la sexualidad. La precisión de esta definición tiene como consecuencia que, técnicamente y a nivel de tribunales, no se considere abuso el hecho de que un padre manifieste a su hija su deseo de tener relaciones sexuales con ella, por mucho que dicho deseo sea claramente incestuoso. De la misma forma, basándonos en la definición específica de lo que es un abuso sexual, hoy en día se puede establecer el diagnóstico aunque la historia se remonte muy atrás en el tiempo.

De ahí el interés, si se trata de la transmisión de una herencia traumática a las generaciones siguientes, del descubrimiento de la asociación entre una dolencia digestiva y una historia de abuso sexual escondida durante mucho tiempo por la genitora. Por más horrible que sea el abuso sexual de un niño, se trata «solo» del «indicador» de una afección de alteridad mucho más grave que la transgresión corporal en sí misma. Dos casos nos han dado esta pista.

La familia en la que no se defecaba

Conocíamos a Christian desde hacía casi diez años, pero no lo habíamos visto desde hacía siete, cuando sus padres se pusieron en contacto con nosotros. En el momento de la investigación, están divorciados. El niño vive con su madre. Decidimos utilizar con él una técnica de fisioterapia llamada *biofeedback*.* Cuando alguien sufre de anismo, contrae su ano en lugar de relajarlo. Es posible demostrar gracias a un dispositivo electrónico el resultado de esta contracción, ya sea en forma de sonido que se vuelve cada vez más agudo, ya sea, en el caso de los niños, con la imagen de un pequeño personaje que sube o baja una escalera, o también simplemente de forma eléctrica, mostrando el trazado de una aguja que sube cuando existe contracción del perineo y que baja cuando este se relaja.

La madre de Christian nos informa de que su hijo está completamente curado de su estreñimiento. Lo que nos dice sobre la forma en que lo hizo nos sorprende. Mientras que Christian ha hecho fracasar a todos los intervinientes, incluidos nosotros, y la técnica del *biofeedback* tampoco ha sido eficaz, se cura de repente cuando su madre comienza a ir a psicoterapia. Ella nos ha escondido, y de hecho nunca lo ha hablado con nadie, que fue objeto de una agresión monumental cuando tenía cinco años: una tentativa de violación por parte de un sacerdote, amigo de la familia. Su padre lo sorprendió cuando este se preparaba para cometer el crimen. Pero, temiendo el escándalo, le prohibió inmediatamente a su hija que lo hablara con nadie. Ella no había osado desobedecer. Por otro lado, no sería su propia madre la que le prestara un oído compasivo, ya que le pegaba a menudo. Estas declaraciones nos conducen a reconstruir toda la historia de Christian.

---

* Ver glosario.

Tiene siete años cuando sus padres lo llevan a consulta por un problema de estreñimiento grave. Su estreñimiento ha empezado mucho antes de sentarse en el orinal y el aprendizaje para ir al baño. Según su madre, Christian siempre ha estado estreñido, toda su vida, desde el nacimiento. Conseguimos obtener una copia de su expediente de nacimiento, que muestra que ya estaba estreñido el segundo día de su corta vida. Se trata pues de un problema funcional neonatal.

A los dos años, solo hace caca una vez a la semana. Las heces son extremadamente duras cuando comienza a beber leche de vaca. El problema empeora con el tiempo y, hacia los cinco años, defeca cada dos semanas aproximadamente una hez, gigantesca, que refleja la presencia de un megarrecto, un recto demasiado ancho y que a menudo obstruye el inodoro. Para hacer de vientre, Christian debe por tanto hacer esfuerzos extenuantes y su pequeño esfínter le duele mucho durante el proceso. También tiene incontinencia de heces líquidas tres veces al día, pero, como es el caso de esta afección llamada encopresis, la incontinencia desaparece durante unos días cada vez que logra defecar.

Cuando lleva estreñido un tiempo, comienza a padecer dolor de estómago y a vomitar. Por otro lado, tiene asma cuando se emociona mucho.

Christian es el segundo de tres hermanos. El embarazo había sido difícil. El parto se desencadenó de forma prematura a las veintinueve semanas. No había llegado a término... Su madre habla de este embarazo en términos que sorprenden: «Había riesgo de parto prematuro, así que se me había dicho que me "contuviera" para no precipitarlo. No dejaba de decirle al bebé, a mi vientre: ¡"Venga bebé, cerremos todos los orificios!". ¿Le habré enviado un mensaje erróneo?». Pero no tiene explicación racional para la asociación entre el *contenerse* de dar a luz y el hecho de que el bebé contenga la defecación. Existe ahí, tal vez, la expresión de un «pensamiento cloacal», donde la parte trasera y la parte delantera se confunden (por el lazo transgeneracional y de fusión existente entre madre e hijo). En cualquier caso, la madre piensa que podría haber enseñado involuntariamente a su hijo a estreñirse. Y de hecho es muy posible que así fuera.

Desde muy pequeño, el niño es llevado a consulta a diversos pediatras, gastroenterólogos y cirujanos. Se decide hacerle una manometría anorrectal* para buscar una enfermedad congénita que pudiera ser la causa del estreñimiento, en concreto la enfermedad de Hirschsprung. El examen demuestra la presencia de un reflejo rectoanal inhibitorio. En otras palabras, cuando el recto de una persona normal se distiende, el ano se relaja, y esto puede ser registrado. En el caso de esta enfermedad congénita, en la que no existen células nerviosas en la parte más cercana al ano y el intestino, este reflejo no se da. Toda tentativa de psicoterapia fracasaría inevitablemente ya que solo la cirugía puede solventar el problema. Pero al no haber enfermedad de Hirschsprung, Christian sigue diversos enfoques terapéuticos sin éxito. A los dos años deja de orinarse en el pañal. Comienza a caminar y a hablar a

---

* Ver glosario.

una edad normal. Es un poco tímido, pero va muy bien en la escuela. Su padre se muestra un poco severo cuando tiene incontinencia, ¡pero lo felicita por el tamaño «viril» de sus heces! Cuando el niño tiene siete años, la edad de la «razón», como sigue padeciendo el mismo problema, sus padres comienzan a desesperarse. Entonces aceptan la idea de que el problema podría ser, en parte, psicológico.

Christian es sometido a una batería de exámenes médicos. La prueba del ano y el recto demuestra que el ano está extremadamente apretado y que, cuando se le pide que «empuje», el esfínter anal se contrae con fuerza, algo característico del anismo. El intestino grueso se alarga hasta el ano, sinuoso y lleno de materia fecal. La evacuación del bario* que se le había irrigado es bastante incompleta. El tiempo de tránsito de los marcadores radio-opacos en el intestino grueso, visibles con rayos X, es normal en la parte derecha del colon, pero va lento en la parte izquierda de este y sobre todo en el recto. Tras esta extensa evaluación médica, llegamos a la conclusión de que hay un problema de estreñimiento debido a una colopatía funcional de tipo cólico, así como la presencia de anismo, que causa dilatación e insensibilidad en el recto. Hacemos «la pregunta», porque varios estigmas de abuso sexual están presentes en la manometría rectal, y se nos contesta que Christian jamás ha sufrido de abusos sexuales.

Desde el momento en que nos ocupamos de él, Christian empieza a hacer de vientre cada dos o tres días,

---

* N. de la T.: El enema opaco o enema de bario es un examen radiológico. La mezcla de bario llena el intestino grueso (colon) para que sea visible a los rayos X.

lo que supone una gran mejoría. El lenguaje de su madre sigue denotando fusión, ya que suele decir de él: «Aún seguimos estreñidos». Le llevará algún tiempo diluir dicha fusión. El niño, por su parte, empieza a tener sensaciones rectales que antes no tenía. También comienza a exteriorizar más su ira.

Los padres se divorcian. Sin embargo, vuelven a ser una familia para ir juntos a las consultas del niño. Algo extraño sucede entonces. Extraño pero obvio. Christian sigue estreñido cuando está con su madre, pero deja de estarlo cuando vive con su padre. La madre se cuestiona como buena madre, y declara de forma elocuente: «Creo que soy un problema para mi hijo. Cuando mamá está bien, el niño está bien, y viceversa». Entonces decide empezar una terapia. Hay un tema que le provoca catarsis* emocionales muy intensas, y es el hecho de que cuando era niña nunca se había sentido aceptada, y también el hecho de que en la casa de su infancia era su madre la que ejercía la autoridad. Declaró que su padre, mucho más cercano a ella, la había sometido a lo que ella describe como un incesto emocional, psicológico, pero negaba cualquier abuso sexual. También intentó recabar información sobre la historia sexual de sus padres. Lamenta el hecho de que su propia madre se negara a hablar de su infancia y se quedara dormida en cuanto ella intentaba sonsacarle información. Esto la lleva a decir que no se sentía querida por su madre.

---

* Ver glosario.

Todo este proceso se acompaña, pues, de un profundo cuestionamiento de la relación con sus propios padres. Se pone a pensar en ellos, a observarlos con mirada adulta por primera vez. Rememora viejos recuerdos, como cuando dormía con su padre cada vez que su madre se ausentaba. La ira hacia su madre alcanzó su punto álgido cuando esta, sin ninguna explicación, comenzó a asistir a reuniones de un grupo de apoyo para mujeres víctimas de abusos sexuales.

La madre de Christian también declara que el comportamiento de sus padres en todo lo relativo a la defecación había sido muy extraño. No solo había estado estreñida, como su hijo, toda su vida, sino que, según dice, ¡en su familia los niños tenían que estar estreñidos! Cada vez que uno de ellos tenía heces blandas, ¡le daban fármacos astringentes! Esta familia prohibía prácticamente defecar... De ahí los ataques de pánico cada vez que la madre de Christian tiene que ir al baño.

Durante un tiempo, mientras ella no está estreñida, su hijo lo está, y viceversa. Posteriormente, las costumbres intestinales maternas se vuelven normales, pero el niño sigue estreñido. Como ya hemos mencionado, la ira se apodera de él. Un día clava un cuchillo en la mesa de la cocina gritándole a su madre que le ha robado su vida cuando dejó a su padre y verbaliza, literalmente, que él no estaría estreñido si sus padres hubieran seguido juntos. La acusa de haberlo forzado a nacer y a vivir. Durante esta época crítica, Christian hace muchos dibujos. Su madre también. Vienen a consulta los dos, por separado, el mismo día. Madre e hijo muestran una vez dos dibujos sorprendentemente similares. El de la madre es un gigantesco champiñón fálico lleno de personajes completamente desnudos. También ha dibujado sobre el champiñón unos cuantos sexos vendados, clara alusión a la tentativa de abuso sexual de la que había sido objeto por parte del cura de su pueblo. El mismo día, Christian, que ignora totalmente esa historia, ha dibujado un «champiñón que apesta» y cuya forma se parece extrañamente a la del champiñón de su madre, pero no tiene ni personajes desnudos ni sexos vendados.

Ambos padres comienzan a tener otras relaciones sentimentales. La madre se da cuenta de que desde que tiene un amante, le duele el estómago cada vez que existe un encuentro sexual, hecho bien conocido entre las personas que sufren de colopatía funcional. También llora cuando llega al orgasmo, y esto, por primera vez en su vida. Durante las consultas, en presencia de su hijo y su exmarido, habla sin ninguna restricción ni pudor de sexualidad. Se da cuenta por otro lado de que en el pasado tenía dolores de estómago, durante y tras el coito, únicamente con hombres con los que no tenía ningún lazo sentimental. En cuanto al padre de Christian, tiene una breve relación con una mujer mucho mayor que él que lo deja rápidamente, y el dolor de este abandono le lleva también a asistir a terapia.

Eso fue hace cinco años. Christian ya no tiene problemas de estreñimiento. Y ninguna crisis de asma.

Todos los hijos quieren curar a sus padres

Pasemos ahora a la historia de Jacques, que al negarse inconscientemente a curarse, ha permitido que su madre salga adelante.

Jacques está siendo tratado con *biofeedback* para combatir el anismo asociado a un problema de estreñimiento que arrastra desde su nacimiento, con fuerte incontinencia anal y episodios bastante frecuentes de fecalomas* en los que el recto se llena de materias fecales duras que deben lavarse constantemente. Jacques tiene dieciséis años cuando acude a consulta para tratar de solucionar este problema. La manometría anorrectal ha puesto de manifiesto un perineo muy potente. El adolescente puede contraerlo más fuerte que cualquier sujeto voluntario. Su recto es inmenso e insensible. Tras catorce años de sesiones de *biofeedback*, Jacques sigue sin curarse.

Entre su madre (Juliette) y la técnica que se encarga del *biofeedback*, se ha creado un clima de confianza, y Juliette le confía que a menudo tiene dolor de estómago. Ha rechazado ser operada por un cirujano «arrogante» que le había dicho, antes de realizar un examen, que se quejaba por nada y luego le había propuesto una colectomía,** esto es, extirpar una parte del intestino grueso, al diagnosticarle diverticulosis, una inflamación que tiene lugar cuando una pequeña hernia de colon se perfora debido a una presión interna demasiado alta.

La técnica envía a Juliette a consulta. De hecho, en su expediente hay pruebas evidentes de que ha sufrido varios

* Ver glosario.
** Ver glosario.

episodios de diverticulosis no complicada, sin abscesos renales. La diverticulosis en sí es común, ya que más del cincuenta por ciento de la población la tiene a partir de los cincuenta años. Se trata simplemente de una hernia, una protrusión de la mucosa intestinal a través del músculo del intestino grueso. Sin embargo, si esta hernia se rompe, el contenido intestinal de materia fecal entra en contacto directo con el peritoneo y provoca lo que se conoce como diverticulitis.* Se establecen entonces ciertos parámetros para saber cuándo hay que intervenir quirúrgicamente. La diverticulitis es el producto final de la diverticulosis, y existen pruebas de que esta última aparece de forma más frecuente en personas que sufren de colopatía funcional. En cuanto a esta, hoy en día los únicos tratamientos que se ha demostrado que pueden ofrecer cierto bienestar son la psicoterapia y la hipnosis. Esto no ha impedido buscar los medicamentos para los diferentes subgrupos, es decir, el de tipo diarreico, el de tipo estreñido y el de tipo que alterna ambos.

Tras investigar, resulta que el primer episodio de diverticulitis ocurrió durante el funeral de un tío suyo. Este tío, hermano de su madre, la había violado con penetración vaginal completa cuando ella tenía siete años. En aquella ocasión, le habló inmediatamente a su madre de ello, pero esta le prohibió mencionarlo delante de su padre porque tenía miedo de que este matara al violador, que vivía con ellos y sufría un ligero retraso mental. Juliette se había callado en lo referente a su violación. Tenía

---

* Ver glosario.

una pésima relación con su madre y adoraba a su padre, a quien, decía, estaba «pegada».

En cuanto Juliette nos habla de la violación que había sufrido, y esto sin que Jacques esté presente y sin que ni siquiera se le ponga al tanto, este se cura inmediatamente de su estreñimiento. En la actualidad, no toma ni laxantes ni tiene necesidad de hacerse lavados. Juliette por su parte también está curada. Por precaución, se le realiza un exhaustivo examen médico. Sin embargo, el resultado es únicamente una diverticulosis leve. Juliette goza por tanto de buena salud. En cuanto a su madre, la abuela de Jacques, sabríamos más tarde que ella también había sido violada...

Desconfiemos de las ideas demasiado simples

Por muy espectaculares que sean, las historias que acabamos de relatar no son forzosamente representativas, y tenemos perfectamente conciencia de ello. Sería por tanto ingenuo pensar que la confesión parental conlleva instantáneamente y en todos los casos la cura del niño. Nunca nada es sencillo en medicina, como lo demuestra la siguiente historia.

Mélusine tiene seis años. Sufre de encopresis, de estreñimiento grave con fecalomas e incontinencia anal. Durante la consulta, Marie, su madre, explica que Mélusine no está estreñida desde su nacimiento, sino desde que, a los seis meses, cambió de la leche materna a la leche de vaca. Es posible que esto tenga cierta importancia, ya que la niña no se ha curado después de que su madre le confesara haber sufrido abusos sexuales cuando era niña. Para demostrarlo serán necesarios numerosos estudios que determinen de forma clara si el estreñimiento funcional se inició o no en el nacimiento.

En la época de las consultas, Mélusine defeca una vez a la semana una hez inmensa, sin llegar no obstante a obstruir el inodoro como Christian. Cuando lleva estreñida un tiempo, la niña tiene dolores abdominales y, a veces, fisuras en el ano. La incontinencia apareció a los dos años y medio, cuando su hermanito nació. Mélusine fue llevada a numerosos pediatras y había seguido multitud de tratamientos sin ningún éxito.

Extremadamente tímida, retraída y silenciosa, la niña, que es obesa y lleva un corte de pelo a lo *garçon*, permanece inmóvil en las rodillas de su madre y aparta la mirada ante el médico al mismo tiempo que rechaza darle la mano.

Durante el interrogatorio médico se revela que Marie se interesa demasiado, y de manera inapropiada, por la defecación de su hija. Le inspecciona el recto constantemente, le mete el dedo para explorarlo. Se le pide por tanto que se olvide un poco del problema y que no vuelva a tocar esa parte del cuerpo de la niña. Mélusine y su madre son enviadas a un psiquiatra infantil. Este las verá una única vez y concluirá de manera lapidaria que la encopresis de la niña acapara de manera patológica todo el espacio emocional de la familia, especialmente el de la madre. Estas dos consultas arreglan sin embargo y para siempre el problema de la incontinencia anal.

Es aquí cuando el padre de Mélusine entra en escena. Se une a su mujer y a su hija durante unas cuantas visitas.

Sostiene a su hijo pequeño en su regazo y se enorgullece al afirmar que él no tiene ningún problema con su hija. Incluso felicita al médico por los rápidos y sorprendentes resultados obtenidos. Por el contrario, la madre no se alegra en absoluto de la desaparición casi por arte de magia de la incontinencia anal, y se queja amargamente de que la niña está cada vez más irascible y más rebelde. A esto le sigue un rechazo al médico, lo que indica claramente quién ejerce la autoridad en la familia: a las cuatro citas siguientes que se le dan a Mélusine y a sus padres, nadie se presenta.

Transcurren dos años y medio sin consultas. Marie lleva entonces a su hija a un gastroenterólogo, en el mismo hospital. Se queja de que el anterior especialista ha traumatizado psicológicamente a Mélusine. Este segundo médico se da cuenta enseguida de que la incontinencia anal ha desaparecido tras una única visita a su colega. Dos años después, sigue sin ella. Puesto que es evidente, a causa del comportamiento de la familia, que se tomarían a mal cualquier insinuación de que podría tratarse de un problema psicológico, no hace ninguna alusión a ello. Consigue por tanto hacerle más pruebas a Mélusine y obtener una evaluación funcional de su estreñimiento. El problema se sitúa únicamente en la parte izquierda del intestino grueso. La parte derecha del colon funciona normalmente. La estasis que se limita a la zona izquierda del colon y al recto es característica de la colopatía funcional. Una semana después de que a Mélusine se le visualicen veinte cuerpos opacos con rayos X, visibles por tanto en película radiológica, ninguno de ellos ha sido defecado. Su problema de estreñimiento es por tanto importante y se reproduce sin cesar. A Mélusine se le diagnostica también anismo. El gastroentcrólogo decide hacerle un *biofeedback* del perineo con la instrucción precisa de evitar cualquier interpretación psicológica. Además, se encarga de que la prueba se la haga un hombre en vez de la mujer que suele hacerla. El anismo se corrige tras la primera sesión pero vuelve a la segunda y persiste a continuación.

El gastroenterólogo ve a la madre y a la hija un total de ocho veces. Desalentado, decide enviarlas, él también, a un psiquiatra infantil. La madre tampoco va a esa cita ni vuelve a consulta y... cambia de gastroenterólogo. Este tercer médico, siempre en el mismo hospital, revisa todo el historial y decide enviar a Mélusine a la colega que trabajaba con el cirujano que vio a la niña por primera vez, y esta, tras la segunda visita, transfiere a la niña al cirujano en cuestión...

La madre y la hija hacen por tanto aparición ocho años después de su primera visita... Mélusine ha crecido mucho. Ahora es esbelta y su cabello largo reposa sobre sus hombros. Sus resultados escolares son destacables, pero una gran tristeza invade su rostro y solo responde a las preguntas por señas. Cuando se le dice que parece triste, se pone de inmediato a sollozar. Su madre sigue monopolizando la conversación. Indica que ella tiene a menudo diarrea. El problema de estreñimiento de Mélusine no ha mejorado. Se puede pasar veinte días sin ir al baño y es llevada a urgencias de forma regular para que le suministren enemas.

Esta vez, las citas se respetan algo más. Sin mucha dificultad, el padre toma el relevo de la madre para que las pruebas puedan llevarse a cabo. Como es de esperar, el recto de Mélusine no ha recuperado la sensibilidad, y su anismo persiste.

Durante esta época, el dentista de la adolescente la envía a un logopeda. Este le diagnostica deglución atípica infantil[*] por la manera en la que Mélusine saca la lengua y contrae los labios. Mélusine y su madre cancelan cuatro de las nueve consultas previstas para tratar el problema. La adolescente no hace los ejercicios de manera regular. A la familia se le sugiere consultar a un psicólogo. Nuevo rechazo. Frustrada, el logopeda renuncia a seguir tratándola. En su expediente escribe un diagnóstico de incumplimiento de tratamiento, término utilizado para describir básicamente a los pacientes negligentes, es decir, esos que hacen lo que les viene en gana...

Durante una de las sesiones de *biofeedback* con la empleada técnica, Marie, la madre de Mélusine, le confiesa que sufrió abusos sexuales de manera repetida entre los ocho y los dieciséis años por parte de su padrastro, que le tocaba los senos, la vulva y el ano. Tras esta confidencia, Marie decide tratarse ella también por sus problemas digestivos. Su seguimiento será todavía más arduo que el de su hija, con su lote de citas perdidas, consultas rechazadas y conversaciones limitadas estrictamente a sus intestinos.

Marie tiene un caso típico de colopatía funcional; oscila entre dos evacuaciones al día y una evacuación cada

---

[*] N. de la T.: La deglución atípica infantil es una disfunción oral que se caracteriza por una posición incorrecta de la lengua al tragar, lo que afecta a la dentición, al habla, a la salud. Si no se corrige en la infancia, perdurará hasta la edad adulta.

dos días. En cuanto se siente estresada, tiene deposiciones líquidas. A los treinta y tres años se sometió a una histerectomía porque tenía reglas demasiado abundantes. Ella afirma tener una excelente relación con su esposo y no experimentar ningún problema sexual. No sufre dolor abdominal durante la penetración, ni durante ni después del coito. Sus encuentros duran más de media hora. Experimenta orgasmos con caricias y penetración, pero solo tiene relaciones sexuales una vez al mes.

La técnica comparte el secreto de los abusos con el médico. Este no dice ni una palabra a la paciente, que esperará un año y medio antes de confiarse a él. La hermana mayor no había sufrido abusos por parte del padrastro, tampoco la hermana menor (fruto de la relación del padrastro con la madre de Marie), pero otra de las hermanas sí. Marie se había quejado de los abusos a su madre, pero esta no la había creído. Había por lo tanto huido de la familia en cuanto cumplió los dieciséis años. «Cuando estaba embarazada de Mélusine —dice— y todavía estaba en pijama por la mañana, sabía que mi padrastro podría aparecer en cualquier momento y me vestía rápidamente del miedo que tenía a que viniera de nuevo a acosarme. No puedo perdonarle lo que le ha hecho a Mélusine». El padrastro también era físicamente violento con la hermana mayor. Además, Marie dice que su abuela era a veces extremadamente buena y otras extremadamente perversa. En realidad, cuando pronuncia la palabra *abuela* se refiere a su madre, confundiendo a Mélusine y a ella misma en una transgresión de capas generacionales, lo que se llama «choque generacional».

Se le sugiere que escriba todo lo que se le pasa por la cabeza, en particular todo aquello relacionado con los abusos.

Sabemos efectivamente, gracias a los estudios de J. W. Pennebaker y sus colegas, que la revelación de secretos familiares tiene un impacto extremadamente positivo en el sistema inmunitario y disminuye el número de enfermedades subsiguientes. Marie lee su texto en voz alta en presencia de Mélusine. Ambas lloran largamente mientras se abrazan. La abuela de Marie también era muy violenta físicamente; por lo tanto, su madre, asimismo, había abandonado el hogar disfuncional a los dieciséis años. Con apenas dieciocho años ya tenía tres hijos. El padre de Marie había abandonado a su madre cuando esta estaba embarazada de ella. Marie había sufrido abusos sexuales por parte de su padrastro y había sido golpeada físicamente a menudo. Aún tiene numerosas señales, visibles en las piernas, marcas imborrables de los golpes recibidos por parte de su padrastro y su madre.

Durante esta época, Mélusine comienza a hablar algo. De vez en cuando, logra ir al baño de forma espontánea, sin ayuda de laxantes ni lavados. Tartamudea mucho. Entonces supimos que su abuela también había tenido problemas de defecación. Y otras revelaciones siguen: su prima, hija de la hermana mayor de su madre, ha sufrido abusos bajo amenaza de muerte. Ella también tiene grandes dificultades para defecar.

A pesar de que su madre ha hablado, Mélusine no se ha curado. Pero la historia continúa: madre e hija se ayudan mutuamente para desenredar esta madeja venenosa...

Un caso espectacular de síndrome del aniversario

Ya hemos relatado con detalle la historia de Myriam en otro libro (*Ce que les maux de ventre disent de notre passé*[*]), pero su caso es tan espectacular y tan poco racional que nos gustaría volver a él. De forma resumida, se trata de una adolescente que sufre un accidente mientras reparte periódicos, una noche de invierno. Entre dos entregas, se divierte deslizándose. Al hacerlo sobre una colina sale disparada por el impulso y en la caída se empala en una barra de hierro que marca la carretera. No muere de puro milagro. La operan de urgencia. Los únicos daños causados por la barra de metal, que perfora el himen y termina su trayectoria en el tórax, son dos pequeños agujeros en una parte del intestino, cerca del estómago. La niña no se queda ni quince días en el hospital. Las secuelas del accidente son principalmente psicológicas. Myriam tiene doce años. El trabajo sobre su estrés postraumático revela que tanto su madre como su abuela y su bisabuela fueron violadas a la edad de… ¡doce años!

Esta historia contrasta con las que acabamos de contar. En estas últimas, se desprende una continuidad relacional entre una víctima de abuso sexual y su descendencia. También encontramos un proceso que se asemeja a la compulsión de repetición, tan amada por los psicoanalistas. A pesar de su aspecto traumático y mórbido, esta compulsión trae consigo un instinto de vida, una cura interna. Las cosas progresan, aunque sea ligeramente, hasta que el sujeto aprende lo que buscaba con la repetición.

---

[*] N. de la T.: *Lo que los dolores de estómago dicen de nuestro pasado*, Ghislain Devroede, no traducido al castellano.

Pero volvamos al caso de Myriam.

La dinámica de su familia sufre muchos cambios durante el seguimiento de estos traumas transgeneracionales. La adolescente declara que sus padres se pelean constantemente y que su madre quiere abandonar a su padre. También habla largo y tendido de la sexualidad de sus progenitores, ya que su madre le dijo que nunca había experimentado placer sexual. Sus padres no han hecho el amor desde hace ocho años. Myriam añade que jamás los ha visto besarse ni manifestarse el más mínimo gesto de ternura.

Tanto Myriam como sus padres se niegan a ir a ver a un psiquiatra que los ayude en su proceso. La joven empieza a tener pesadillas y, por primera vez en su vida, comienza a acordarse de sus sueños. En sus pesadillas, describe cómo su madre asesina a su hermano mayor, que en el momento de la consulta tiene diecisiete años. Expresa de esta manera su ira contra él, pues había abusado de ella cuando tan solo contaba cuatro años. Él le daba dinero, la golpeaba y la chantajeaba para que no hablara. No era mucho mayor que ella, solo tenía ocho años cuando cometió el abuso y la coaccionó para tocarle el ano y la vulva y forzarla a hacer lo mismo con su pene. Ella se acuerda de que ya por entonces sufría episodios de disociación, porque le viene a la memoria cuándo él entraba en la habitación para a continuación despertarse en su cama sin ninguna reminiscencia de lo que había sucedido entre medias. Rechaza de nuevo consultar a un profesional. Durante esta época, su rendimiento escolar mejora considerablemente.

Myriam se deprime profundamente y comienza a escribir cartas en las que suplica ayuda. Esto finalmente conduce a que su madre acepte la consulta con un psiquiatra infantil. Myriam va a consulta durante casi un año. A lo largo de este tiempo, toma conciencia de que el accidente provocó un distanciamiento importante entre ella y su madre, que rompió lo que antes había sido una relación próxima, abierta, feliz y simbiótica; sin embargo, este distanciamiento había mejorado la relación que tenía con su padre, virtualmente ausente.

Los temas de los que habla con la terapeuta tienen que ver con la identidad femenina y la ausencia de una figura masculina. Myriam realiza también un trabajo sobre las reacciones transferenciales* que experimenta con el cirujano que le salvó la vida. Atraviesa un breve período de anorexia nerviosa que dura unos meses. En cuanto al significado del accidente, dice que este la ha ayudado a acercarse más a los demás, a decirles que los quiere, pero también la ha forzado a hacerse mayor de manera prematura. Consigue superar la anorexia, aunque durante un tiempo teme tener una relación amorosa por miedo a ser abandonada. Por aquel entonces empieza a utilizar a los chicos únicamente para demostrarse a sí misma que es digna de amor a pesar del accidente.

Dos años más tarde, está en plena forma. Ha «florecido» y se ha convertido en una joven muy guapa. Sus padres siguen viviendo juntos. Ella piensa que estarían

---

* N. de la E.: En este tipo de transferencia, el paciente transfiere al médico emociones y pensamientos originados en relaciones con personas significativas de su vida pasada como sus padres, familiares y otras figuras de autoridad. Esto ocurre de manera inconsciente durante la interacción y tomará las características determinadas por la necesidad emocional del momento y por el tipo de interacción con el médico.

mejor separados, pero no le corresponde a ella intervenir en sus dificultades. Tiene un novio nuevo. Experimenta orgasmos con caricias y con penetración. Es la primera de la clase, ha actuado en una obra de teatro y ha obtenido un premio de dramaturgia. Finalmente se lanza y hace carrera.

La historia de Myriam es ejemplo de lo que queremos expresar en este libro.

El secreto familiar era en efecto lo que estaba destruyendo el futuro de esta adolescente.

El trauma podría haber sido de naturaleza distinta a los abusos sexuales repetidos, y ese es un mensaje fundamental que queremos transmitir. Los abusos sexuales son un tipo de abuso de autoridad, de alguien fuerte sobre alguien débil, de un adulto sobre un niño, de un hombre sobre una mujer, etc. Por otro lado, tanto los abusadores como los abusados viven en una gran confusión entre la identidad masculina y la femenina.

En otro orden de cosas, un proceso de sanación había ya sido impulsado por parte de la madre de Myriam, ya que la joven no había sufrido realmente abusos cuando se empaló por accidente. Si somos razonables, y ciñéndonos a la definición específica de abuso sexual (página 33), cuando ocurrió el incidente con su hermano, ambos eran niños pequeños, pero el chico la había forzado y el camino familiar hacia la violación estaba ya marcado.

Para esta familia debió de ser seguramente difícil nombrar las cosas por su nombre, arrojar una luz sobre los secretos ocultos. Como consecuencia, todos sus miembros se vieron obligados a cambiar. Pero se puede esperar que al final del camino, una vez completado el necesario proceso de duelo por las penas del pasado, todos los protagonistas tendrán la oportunidad de disfrutar de una vida más feliz.

Las historias de este capítulo tienen todas en común el hecho de que los niños se beneficiaron de una cierta colaboración y cuestionamiento por parte de sus padres. Desafortunadamente, no siempre es el caso; a veces los padres han fallecido o son demasiado ancianos y físicamente incapaces de enfrentarse a la intensidad energética desencadenada por tormentas que se producen en el cuerpo, cuando las emociones reprimidas durante toda una vida salen a la superficie. Los niños pequeños crecerán... Si han sufrido abusos, ¿cómo pueden superar el impacto de los traumas, ya sean de naturaleza sexual u otra, cuando se convierten en adultos? Están relativamente liberados de sus progenitores, pero ya no pueden contar con ellos para sanar.

Es lo que veremos en el capítulo siguiente, que trata de una etapa más avanzada y compleja en el proceso de sanar los dramas de nuestros padres.

Capítulo III

CUANDO LOS PADRES SON UN OBSTÁCULO PARA LA SANACIÓN

Convertirse en adulto

Un niñito llora en brazos de su madrastra, que lo sostiene con cariño mientras lo acuna. «Cuando estoy con mi madre, echo de menos a mi padre, y cuando estoy con mi padre, echo de menos a mi madre», dice sollozando.

Innumerables son los niños maltratados, desatendidos, abandonados o adoptados cuyos padres se pelean, se divorcian o son viudos. Con frecuencia, estos niños se encuentran en la situación de tener que ayudar, de consolar al padre o la madre que se queda solo, de curar las heridas sin poder reflexionar sobre lo que están haciendo. Puede tratarse de una madre soltera, pero también, cada vez más a menudo, de un padre abandonado. Literalmente, el niño termina reemplazando al progenitor ausente. En Canadá, los formularios de declaración de impuestos han legalizado esta situación «marital» en cierto modo incestuosa describiendo a estos niños como «equivalentes a cónyuge»...

Niños y niñas que asumen el papel de sus padres... Este proceso, conocido como «parentificación», es al menos tan difícil para ellos como el abandono que han sufrido. Didier Dumas[*] planteó el problema de numerosos niños «sin padre y sin voz», y Guy Corneau[**] abordó el tema de los hijos marcados por la ausencia del padre, «padre desaparecido, hijo perdido». Pero las hijas también están marcadas por estas tragedias, aunque, incluso estando más aisladas que los hijos, son capaces de arreglárselas solas en la vida de forma más rápida.

¡Cuántas rupturas amorosas y maritales no suceden alrededor de un nacimiento! Es simplista decirlo, y sin embargo es cierto: el progenitor pierde su puesto como «falso bebé» al ser reemplazado por uno «verdadero»... El «síndrome de Couvade»[***] nos enseña que más de la mitad de los padres quebequeses «caen» enfermos después del nacimiento de un hijo, siendo el problema más común... un dolor de muelas. En la Edad Media, la *couvade* era una costumbre según la cual, justo después del nacimiento, el padre se acostaba en la cama para presentarse a «su» bebé, mientras que la madre, que acababa de parir, se

---

[*]   N. de la T.: Psicoanalista y escritor francés (1943-2010).
[**] N. de la T.: Psicoanalista y escritor canadiense (1951-2017).
[***] N. de la T.: El síndrome de Couvade (*couver* significa en francés 'incubar' o 'criar') es un tipo de trastorno psicológico que provoca en algunos hombres síntomas similares a los del embarazo cuando su pareja va a tener un bebé. Aunque aún no se conoce la causa exacta que provoca este síndrome, se cree que puede tener que ver con la hiperempatía.

apresuraba a regresar a trabajar al campo, probablemente evitando así muchas flebitis, esos coágulos de sangre que aparecen en las venas de las piernas, y embolias mortales, que ocurren cuando esos coágulos se desprenden y se desplazan hacia los pulmones. ¿Es preferible un matrimonio de «malcasados» a un divorcio en el que ambos padres siguen amando a sus hijos? Hasta en las peores condiciones de vida y de supervivencia, algunos niños salen adelante, incluso de manera notable, y logran llevar una vida casi normal, aunque existe una grieta a la que siguen expuestos.

De alguna manera, los niños de hoy tienen tristemente esa «suerte» ya que disponen más a menudo de la ocasión de «beneficiarse» de la desgracia que supone el divorcio de sus padres.

El «síntoma» del divorcio, que se extiende cada vez más como si se tratase de una «enfermedad» contagiosa, es probablemente el símbolo de nuevas exigencias entre los cónyuges, el inicio de la comprensión de que el otro no puede realizar el trabajo interior de toma de conciencia en nuestro lugar y que la búsqueda de la felicidad fuera de uno mismo no es sino una ilusión.

Esta ilusión ha hecho sufrir mucho a los niños «por su bien»... evidentemente. También han sufrido mucho por el hecho de que la ilusión se haya desvanecido.

Una encuesta reciente que involucra a mil franceses muestra que hay progreso en la calidad de la relación entre padres e hijos y que el factor de distanciamiento, de diferenciación, esencial para que se conviertan en adultos maduros, ha cobrado fuerza en el último siglo.

Todos los hijos quieren cuidar y sanar a sus padres, pueden aportarles algo. En las sociedades occidentales, donde más de la mitad de las parejas termina en divorcio, los niños han aprendido a establecer un distanciamiento frente a la difícil evolución de sus padres, han aprendido a desligarse. Han aprendido lo que sus mayores no sabían hacer: mirar a sus padres con mirada adulta en vez de con credulidad infantil. Lo ideal, sin ninguna duda, para un niño, es ser criado y amado por sus padres. Existe en ese caso una continuidad entre la venida al mundo y, más tarde, la toma de libertad y el llevar una vida independiente. El riesgo de frustración y de carencias acumuladas disminuye. El trabajo de un divorcio realizado con éxito es un trabajo de duelo. Y el divorcio es un éxito cuando ambos cónyuges pueden desentrañar las razones inconscientes que han hecho que la pareja no haya durado. El hecho de afrontarlas tiene repercusiones positivas en sus descendientes.

Como ya hemos visto, un progenitor que ha sufrido abusos sexuales que logra expresarse en lo relativo al drama vivido no hace de dicho drama un secreto de familia, y permite que el niño se beneficie de este cuestionamiento y del diálogo que se establece a raíz de ello.

De todas maneras, los niños son como esponjas. Absorben todo lo que está en su entorno y lo muestran a través del cuerpo si las cosas no se nombran. De igual forma, cuando uno de los padres sana, arrastra automáticamente a sus hijos en su proceso de sanación. Toda la dinámica familiar se transforma.

De ahí la adopción cada vez más común por parte de los pediatras de un enfoque sistémico de la familia, donde no solo se trata al niño, sino también a sus parientes. Sin embargo, ¿qué sucede cuando un niño nace en una familia donde las mujeres, víctimas de violación, experimentan un patrón repetitivo de madres a hijas a lo largo de varias generaciones sin cuestionarse nunca?

Padres que no se cuestionan

Aurore tiene treinta y nueve años. Se queja de que sufre estreñimiento desde hace cuatro; se trata de un estreñimiento importante, crónico, constante y doloroso. Este estreñimiento ha estado precedido de una larga historia de diarrea crónica desde que era muy pequeña. Con treinta años se fue de Canadá, donde había nacido, para instalarse en Francia. Desde que llegó buscó un terapeuta. La consulta se hace en presencia de su marido y es, para la mentalidad francesa, extremadamente abierta.

Aurore da, de manera espontánea, toda una serie de detalles para hablar de una infancia horriblemente difícil. En su familia eran dos chicas y seis chicos. Las dos hermanas sufrieron abusos por parte del mismo hermano. Su hermana, cuatro años mayor, fue sometida a múltiples penetraciones vaginales completas. Falleció de un ataque al corazón a los cuarenta años. Ella misma ha sufrido también muchos abusos a partir de los siete años. De hecho no tiene ningún recuerdo de infancia antes de esta edad, lo que indica siempre un entorno familiar inadecuado. Se hacía pis en la cama a menudo, a lo largo de toda su infancia. Su vida sexual es intensa desde que era adolescente. Tiene muchas fantasías sadomasoquistas. Adora que la sodomicen. Espontáneamente, se pone a hablar de los abusos incestuosos sufridos por su madre, su abuela y su bisabuela en la campiña quebequesa. Su madre la ha seguido hasta Francia tras la muerte de su marido, alcohólico. Aurore recuerda hasta qué punto odiaba lo que sentía cuando su madre le tomaba la temperatura rectal.

La comunicación con Aurore es extremadamente fácil. Desconcertante incluso, ya que las preguntas parecen innecesarias. Más que un diálogo, se trata de un monólogo. La consulta dura noventa minutos, mucho más que una consulta estándar de quince minutos. Se decide evaluar el estreñimiento y los dolores abdominales. Como herramienta de disociación en términos de hipnosis ericksoniana,* se le sugiere que haga dos dibujos de sí misma, uno representándose con dolor abdominal y el otro sin dolor.

Se le da una primera cita para hacerle una proctoscopia con un instrumento rígido, sin laxantes ni lavados, simplemente para evaluar la tonicidad del músculo anal y los reflejos alrededor de este. Pero Aurore no se presenta. Una hora antes de la cita, envia un fax con los dos dibujos. El fax dice *grosso modo*: «Esta carta reemplaza mi cita para una proctoscopia. Buenos días, estimado doctor, estoy segura de que la vida quiso que nuestros caminos se cruzaran. Ese encuentro resultó decisivo para mí, y quería compartir lo siguiente con usted. ¡Estoy curada desde que lo vi! Creo que usted me permitió terminar mi terapia sobre el incesto. Ya había trabajado mucho este tema con

---

* Ver glosario.

mi terapeuta. Hice muchas conexiones entre mi sexualidad siendo niña en un primer momento, después como mujer, y el comportamiento de mi intestino grueso. Creo que comprendí que llevaba en mi vientre la vergüenza y el miedo ancestral que pertenecían a mi madre. Usted me tranquilizó mucho dándome información factual. Su consulta es un poco como la Corte de los Milagros,* pero pienso que todo es el resultado de un largo proceso que inicié cuando me fui de Canadá, proceso que me ha conducido a una profunda paz interior. Me gustaría mucho que me llamara a la hora de mi cita. Aurore».

Sus dibujos son extremadamente sencillos. El del dolor de estómago representa un monigote con una espiral en el vientre, muy similar a lo que Françoise Dolto** describió como las ideas confusas que un niño puede tener sobre la identidad masculino-femenino y el proceso desde el deseo hasta la concepción. Su autorretrato sin dolor de estómago es diferente. Tal y como ha escrito ella misma sobre el dibujo, esta vez la figura tiene cabello y lleva un vestido.

Se llama a Aurore a la hora exacta en la que debería habérsele hecho la proctoscopia. Pregunta si aún es indispensable realizar las pruebas prescritas. Como pasó a ser totalmente asintomática, sus exámenes fueron lógicamente cancelados. Pregunta si puede irse y no viene nunca

---

* N. de la T.: Expresión francesa que se refiere a los barrios marginales de París donde residían los inmigrantes desempleados de las zonas rurales durante la Edad Media y hasta el siglo XVIII. Hoy en día la expresión se utiliza para hablar de un lugar en el que se reúnen las malas compañías.
** N. de la T.: Pediatra y psicoanalista francesa (1908-1988).

más. Su plan es partir con su marido y sus hijos para dar la vuelta al mundo en barco durante un año...

La historia de Jeanne

Cuando un padre o una madre sufre en silencio durante largo tiempo, la sanación se hace mucho más difícil. Es lo que le sucedió a Jeanne.

Jeanne viene a consulta con veinticinco años por un problema de estreñimiento grave: ¡solo va al baño una vez o dos al mes! Todos los intentos para ayudarla han fracasado. Es enviada por su médico de familia a dos mil kilómetros de donde ella suele acudir a consulta. Jeanne no miente. Cuando se miden los tiempos de tránsito de los marcadores radio-opacos, se constata que no defeca ninguno de los veinte marcadores que ha ingerido en el transcurso de dos semanas. Los tiempos de tránsito son muy largos con relación a la media, tanto en la parte derecha como en la parte izquierda del intestino grueso. Estos estudios se realizan de forma repetitiva los resultados son siempre anormales. Jeanne sufre también de anismo. Cuando se le pide que empuje como para defecar, aprieta el ano haciendo una presión enorme. También tiene insensibilidad rectal (no siente nada hasta que el balón que se le introduce no contiene doscientos mililitros de agua). El volumen máximo tolerable es de doscientos sesenta. Tiene, pues, un problema de insensibilidad rectal.

Jeanne no es muy dada a hacerse preguntas y no es por tanto buena candidata a ser enviada a un psiquiatra o psicólogo ni para hablar largo y tendido de su vida. Se decide entonces ayudarla intentando corregir el anismo a través de *biofeedback*, sin hacerle muchas preguntas. También se le propone participar en un protocolo de ensayo de un nuevo medicamento utilizado en casos de colopatía funcional con estreñimiento. Probablemente forma parte del grupo que recibe el principio activo y no el placebo ya que empieza rápidamente a ir al baño cada tres o cuatro días, y esto durante dos años. Cuando el estudio termina, el estreñimiento persistente vuelve con más fuerza.

A lo largo de todo este proceso, Jeanne se pone sin embargo a hablar de su pasado y relata una larga historia de vida amorosa bien complicada. Habla de abusos sexuales que sufrió cuando tenía siete años. Su niñero, un joven de dieciséis años, la forzó a hacerle una felación. Su hermano mayor también había abusado sexualmente de ella. Él también había sufrido a su vez abusos. Comenzaron a hablar y juntos rememoraron viejos recuerdos de un hombre y una mujer desconocidos que estaban presentes durante los abusos sexuales, pero ni uno ni otro se acordaba con detalle de ellos.

Durante la época de los abusos, cuando era pequeña, Jeanne se acuerda del hecho de que tenía constantemente dolores abdominales y de que su padre la llevaba a menudo a urgencias. No habla del divorcio de sus padres hasta pasados tres años de su primera visita. A lo largo de sus confidencias, tiene crisis intensas cada vez que defeca y después se siente completamente vacía, tanto en sentido literal como figurado.

Jeanne sufrió de nuevo abusos cuando tenía nueve años por parte de un primo que le tocó la vulva con su pene pero no consumó la penetración. Además de su hermano mayor, tenía dos hermanos menores y dice que, cuando era pequeña, hacía grandes esfuerzos por comportarse como un niño porque se había dado cuenta de que su madre prefería a sus tres hermanos. Como es lógico, se sentía más cercana a su padre.

Jeanne tiene tan solo diecisiete años cuando da a luz a su primer retoño, una niña. Justo antes de venir a consulta para ella misma, se ha enterado de que su hija ha sufrido abusos con cuatro años, sin que ella tenga la menor idea, y de que ha albergado ideas suicidas. Fuerza al abusador de su hija a buscar ayuda psicológica.

Con diecinueve años, tiene una segunda hija con otro hombre. Habla de ella cometiendo errores de lenguaje, nombrándola en masculino. Finalmente, su tercer retoño es, ¡al fin!, un niño, también, una vez más, fruto de una relación con otro hombre diferente... A partir del nacimiento de este hijo, empieza a tener orgasmos con la penetración y con caricias. Pero también empieza a tener fuertes dolores de estómago durante y después de las relaciones sexuales, como suele ser habitual en personas que sufren de colopatía funcional. Por otro lado, siente dolor con la penetración, pero eso no le impide tener orgasmos. Las relaciones sexuales empiezan por aquel entonces a desencadenar recuerdos de abusos y, después de hacer el amor, siente el mismo vacío interno que experimenta después de defecar.

Jeanne evoluciona mucho. Se corta su larga cabellera rubia y se deja el pelo muy corto, a lo *garçon*. También expresa odio hacia todos los hombres con los que ha estado hasta ese momento. Sin embargo, comienza una relación amorosa, al mismo tiempo que tiene una relación con el padre de su hijo pequeño, con otro hombre que le procura mayor placer orgásmico. Por primera vez en su vida, es capaz de intercambiar ternura con un hombre, incluso deja que la bese, algo que nunca antes ha permitido a ninguno de sus anteriores amantes. En cuanto al padre de su hijo, empieza a ser violento con ella y tiene que solicitar protección policial. Se muda a otra ciudad para huir de él.

Un día, Jeanne viene con su hijito. Está estreñido desde que nació. Y lo seguirá probablemente estando mientras su madre no haya sanado las heridas de su propia infancia. Pero Jeanne quiere hacerlo y ayudar a Jérôme...

Tres fracasos

Cuando el progenitor abusado ha sufrido demasiado como para cuestionarse, el hijo o hija continúa llevando sobre sus hombros el peso de sus ancestros. Es entonces cuando hay que preguntarse si una imagen parental sustitutiva no ayudaría al niño ya convertido en adulto a liberarse del sufrimiento de sus antepasados. Así es la historia de Anouk.

Le han puesto el nombre de Anouk y su hermana tiene el extraño nombre de Kouna (prácticamente la misma palabra pero leída a la inversa). Anouk ha tenido un comienzo de vida espectacular: ¡la gestación se ha desarrollado a pesar de la existencia de un dispositivo intrauterino! Lógicamente, se ha sentido rechazada y no deseada ya siendo niña. Está estreñida desde que nació. De pequeña, a menudo atasca el inodoro con deposiciones gigantescas.

Cuando va a consulta por su problema de estreñimiento, con veintiséis años, solo defeca unas tres veces a la semana. Tiene dolores de estómago tras el coito y es fácil diagnosticarle una colopatía funcional.

Al examinar la región anorrectal, su ano está extremadamente apretado, prueba de anismo. Cuando se le pide contraer el ano, apenas mueve el esfínter, pero contrae los glúteos con violencia, une los muslos y los pies y balancea la cadera alrededor del dedo que realiza el examen rectal, un poco como si estuviera teniendo una relación sexual. Manifiestamente, la conciencia de su cuerpo en esta zona es terriblemente defectuosa.

Tras la segunda visita de Anouk, a la que viene acompañada por su madre, esta se confía en el pasillo. La madre había sufrido abusos por parte de su padrastro desde que tenía cinco años y hasta que se casó. Había sufrido una penetración completa con dieciséis años. Su propia madre (la abuela de Anouk) estaba al corriente de los abusos. Y, a propósito de Anouk, añade: «Ella y yo somos la misma persona».

Tras la confidencia de su madre, Anouk no vuelve nunca más a consulta. Todos los resultados de exámenes obtenidos de esta joven son, por supuesto, normales, excepto por la presencia del anismo.

La historia de Sandra muestra también lo que ocurre cuando el sufrimiento materno tras un abuso sexual es demasiado grande como para liberar al hijo, el cual sufre físicamente, ya que su cuerpo expresa lo vivido por la madre.

En un primer momento Sandra sufre de estreñimiento doloroso persistente. Una crisis especialmente fuerte la conduce a ser operada de apendicitis por un diagnóstico erróneo; el médico descubre tras la operación que el apéndice estaba en perfecto estado. Sandra sufre de estreñimiento desde su nacimiento y tiene un niño pequeño que está en la misma situación. Ella va al baño dos veces a la semana. Se le diagnostica una colopatía funcional.

Su marido tiene treinta años más que ella. A ella le duelen las relaciones con penetración y también le duele el estómago durante y después. De vez en cuando tiene un orgasmo con caricias o con la penetración. Por primera vez en su vida, declara que había sufrido abusos por parte de su padrastro desde los siete hasta los catorce años. La forzaba de manera repetida a tener relaciones orales, anales y genitales. Un hermano mayor y un primo también abusaron de ella. Por otra parte, había sido, más recientemente, violada por alguien de quien ella dijo que era «un amigo». Esta vez había reaccionado. Un procedimiento legal estaba en curso. En cuanto a su marido, este, como *muestra de apoyo*, le dijo que se lo había buscado...

Sandra afirma que es incapaz de cortar el vínculo que la une a su hijo. Todavía le da el pecho, y el niño tiene cuatro años... Aún siguen muy unidos y padeciendo estreñimiento. Ha dejado no obstante de darle el pecho.

A veces, tras una confidencia, la angustia que se desprende es tan grande que la persona que la ha hecho se esconde hasta que el impacto de sus palabras haya sido bien integrado. Es probablemente el caso de Françoise.

Tiene treinta y siete años cuando viene a consulta por un problema de estreñimiento desde el nacimiento. Nunca espera más de una semana para tomar laxantes, pero no recuerda haber tenido jamás una deposición espontánea, sin medicamentos, en toda su vida. Además, tras el divorcio de su primer marido, empieza a tener dolores de estómago con fuertes espasmos. De forma espontánea y sin que le preguntemos nada, se pone a hablar y dar numerosos detalles de una infancia absolutamente miserable, con un esquema de victimización clásico. Su abuelo materno era pedófilo. Había abusado de todas sus hijas, incluida la madre de Françoise. De niña, tuvo una relación extremadamente pobre con su madre, que la maltrataba a menudo. Sin embargo, declara haber tenido con su padre, que nunca ha abusado ni física ni sexualmente de ella, una relación muy buena. Él había fallecido hacía ya veinte años. Aún llora su desaparición temprana, con cuarenta y siete años, de una hemorragia cerebral.

Su abuelo la había tocado sexualmente varias veces. Se lo había contado a su madre, pero esta no la había creído. A continuación, su hermano mayor, que tenía entonces diecisiete años, la violó en tres ocasiones. De nuevo su madre no la creyó. Con dieciséis años, fue violada por un extranjero. Su madre la forzó a casarse con él cuando estaba embarazada de tres meses. Su marido abusaba física y sexualmente de ella, la sodomizaba a la fuerza y no dejaba de decirle que sus deposiciones eran nauseabundas. Desarrolló terror a defecar.

Después tuvo un segundo marido durante catorce años. Este no era un abusador, pero ella dice que era muy cruel psicológicamente. Durante esta relación ambos tuvieron muchas ideas suicidas.

Su tercer marido, el actual, es extremadamente bueno y comprensivo. No existe ningún tipo de violencia entre ellos. Tampoco deseo sexual; de hecho, no tienen relaciones sexuales. El dolor que siente con la penetración vaginal es tan intenso que su marido –por temor a hacerle daño– es incapaz de intentarlo.

De sus cuatro hermanos, uno murió en un accidente de coche, otro se suicidó con quince años, un tercero había muerto de un cáncer de próstata y ella había roto todo contacto con el cuarto, que era el que había abusado sexualmente de ella.

Como era costumbre, se le ordena hacer una serie de exámenes. En la primera cita acordada, la paciente no se presenta a la sala de endoscopia. También se le recomienda ver a un urólogo debido a un problema de incontinencia urinaria asociado. Jamás acude a la prueba de la cistoscopia. Un día se presenta en urgencias por unos dolores lumbares agudos. Se registra en admisión. Cuando se la llama para examinarla, ha desaparecido.

El milagro de una madre amorosa

A veces se produce el milagro de que una «buena madre» se cuestione e intente liberarse de un problema personal por amor a su hija. Es el caso de Anne y su hija Marianne.

Anne acude a consulta por primera vez cuando tiene tres años. Se vuelve estreñida cuando empiezan a ponerla en el orinal. Antes de los dos años, no había tenido jamás ningún problema de defecación. A partir de entonces comienza a ir al baño una vez a la semana, produciendo pequeñas heces duras con poca frecuencia. Cuando va a consulta acompañada de sus padres, no ha ido al baño desde hace un mes. Tanto los laxantes como los enemas son totalmente ineficaces. Su padre también está estreñido, va al baño una vez cada dos semanas. Su madre describe con mucho detalle los esfuerzos de su hija por defecar. Relata con precisión anatómica cómo el ano de su hija se abre y la hez queda atrapada dentro, incapaz de salir.

Se hace una manometría anorrectal. No existe reflejo rectoanal inhibitorio, ese reflejo fisiológico del que ya hemos hablado. Se le diagnostica la enfermedad de Hirschsprung. A pesar de la opinión de una psiquiatra de no precipitarse hacia la cirugía, ya que ella encuentra en la relación entre madre e hija algo profundamente turbio que habría que abordar, la operan. No se hallan células nerviosas en la muestra analizada, e inmediatamente después de la operación, la niña comienza a ir al baño todos los días. Anne no pisa el hospital durante los siguientes veinticinco años.

Vuelve cuatro meses después del nacimiento de su primer hijo, una niña a la que llama Marianne, un claro eco de su propio nombre. Anne se queja de nuevo de estreñimiento y además encuentra sangre en las heces, un síntoma siempre preocupante. Dice que había tenido problemas de estreñimiento poco importantes durante el embarazo que habían desaparecido hasta el momento de dar a luz. Tras dar a luz, comenzó a sufrir de estreñimiento de manera persistente. Su hijita también está estreñida.

Su historial médico es revisado por completo, incluyendo la información de hacía veinticinco años, época en la que todavía no se conocía el anismo. Se concluye que, probablemente ya en esa época, sufría de anismo, que habría quedado solapado por la presencia del reflejo rectoanal inhibitorio y había conducido a un diagnóstico erróneo de la enfermedad de Hirschsprung. La evaluación de su problema de estreñimiento sigue su curso y no revela nada más allá de una colopatía funcional.

Durante una visita a la que viene con su madre y su hija, Anne hace una confidencia que jamás había hecho a su madre: cuando ella tenía cinco años, su hermana mayor, que tenía nueve, la había obligado a practicarle un *cunnilingus*. La experiencia podría haberse quedado en mero juego sexual, pero ella la vivió de forma dramática. La identidad sexual de la hermana parecía algo confusa. Su exmarido fue bisexual mientras estuvieron casados y se convirtió en homosexual tras el divorcio.

En cuanto su madre habla de lo que había vivido como un abuso, la pequeña Marianne se cura al instante de su estreñimiento. Deja de tener cualquier tipo de problema intestinal y permanece asintomática para siempre. Anne también se cura y comienza a reflexionar sobre su propia historia familiar. Admite que en más de una ocasión ha tenido el impulso perverso de hacerle un *cunnilingus* a su bebé… Se da cuenta, una vez ya pasados, de que en los días que han sucedido esos pensamientos perversos, su hija ha tenido períodos muy graves de estreñimiento.

Resulta que hay un largo historial de alcoholismo y violencia sexual por el lado materno. Anne se siente muy cercana a su abuela materna que, tras pasar toda su vida estreñida, falleció de un cáncer a los noventa y cuatro años. La anciana es descrita por Anne como una persona completamente disociada, a la vez bondadosa y cruel. Anne la ayudó a tener una muerte compasiva y en paz. También sabemos que había habido una historia de abuso sexual en la biografía de la madre de su padre.

Anne y Marianne están en plena forma a día de hoy.

Capítulo IV

ABUSOS SIMBÓLICOS

Marie-Madeleine

Marie-Madeleine es violada por su padre cuando tiene dieciséis años, y su madre no la cree. Se trata de una violación anal. Está profundamente dolida por el hecho de que su hermana pequeña, que comparte cama con ella, se dé la vuelta y se esconda entre las sábanas para no ver ni oír nada. En aquella época, Marie-Madeleine no sabe que su padre viola de manera frecuente a sus cinco hijas. Ella está estreñida. Muy estreñida. ¡Tan solo va al baño una vez cada dos meses! Se considera la posibilidad de extirparle el intestino grueso, dada la gravedad del problema y lo poco que responde a todos los tratamientos que se han intentado. Es incapaz de expulsar el líquido de los enemas que le administran. Los supositorios no le hacen efecto. Los laxantes son ineficaces. Está a menudo hospitalizada y, a pesar de sufrir dolores intensos, hace grandes esfuerzos por desbloquearse. Se cura súbitamente de su estreñimiento crónico cuando su padre fallece y deposita en su ataúd una larga carta en la que expresa todas las emociones acumuladas que tiene en su contra.

Durante unos cuantos años, sus intestinos continúan funcionando con normalidad. Cuando su marido empieza a tener amantes, pasa al extremo opuesto, y sufre diarreas intensas a diario. Una vez más, el problema es de origen funcional, sin que pueda haber tratamiento farmacológico ni quirúrgico.

El marido acaba dejándola. Ella comienza una relación con un hombre relativamente asexuado. Tardan un año en tener relaciones sexuales. La diarrea desaparece cuando lo deja.

Marie-Madeleine descubre muy lentamente la sensualidad y la sexualidad. A los cincuenta años, por primera vez en su vida, tiene un orgasmo con un hombre, e incluso es capaz de experimentar varios orgasmos durante la penetración. Sin embargo, continúa delicada a nivel digestivo y, por regla general, si tiene una crisis, sea del origen que sea, tiene de nuevo diarrea.

Es precisamente lo que acaba de suceder. La diarrea se desencadena por el hecho de que Marie-Madeleine ha sorprendido a su amante haciendo el amor con una mujer veinte años mayor que él... Además de la diarrea, Marie-Madeleine se queja de haber visto rastros de sangre de color rojo claro en sus heces. El síntoma es lo suficientemente alarmante como para no «dormirse» en el diagnóstico, ahora crónico, de los problemas digestivos funcionales. Se decide entonces realizarle una colonoscopia. La reacción de Marie-Madeleine es horrible. Durante el examen, no se mueve ni se queja de ningún dolor, pero inmediatamente después de que le saquen el instrumento del ano, se pone a hiperventilar y tiene un ataque de pánico impresionante.

Habitualmente no llora ni grita, pero en ese momento chilla de una manera totalmente inapropiada. La crisis continua, todavía más fuerte, después del examen. Hasta que no se tranquiliza por completo no le es posible expresar con palabras lo que ha vivido. De hecho, por fin se ha encontrado en un contexto lo suficientemente seguro como para permitirse revivir todo lo que sintió cuando, a los dieciséis años, su padre la sodomizó violentamente.

La medicina invasiva

La invasión del cuerpo ajeno, ya sea por los orificios naturales o por medio de la penetración física de agujas o incisiones quirúrgicas, tiene una dimensión sexual y fálica. Todo esto, como es lógico, no tiene nada que ver con la intención del médico. Dicho esto, se ha demostrado que las personas que han sufrido abusos sexuales padecen un mayor número de operaciones quirúrgicas. Existen probablemente mecanismos perversos y totalmente inconscientes que permiten este tipo de comportamientos. Existe también un proceso de sanación en curso, la víctima busca curarse atravesando de nuevo la herida. Los psicoanalistas se refieren a este fenómeno como compulsión a la repetición.*

---

* N. de la E.: Según el Diccionario de Psicoanálisis de Jean Laplanche y Jean-Bertrand Pontalis, la compulsión a la repetición sería un proceso de origen inconsciente, a través del cual la persona se sitúa constantemente en situaciones dolorosas, repite experiencias antiguas, sin recordar el origen de estas, y experimentándolas como algo plenamente motivado en lo actual.

Todos los orificios entran en juego: la boca, el ano, la vulva, el meato urinario, las orejas, la nariz, los ojos. No es por tanto de extrañar que a menudo sea en las unidades donde se practican endoscopias del tubo digestivo donde se producen reacciones tan intensas y se revelan historias de abusos sexuales silenciados hasta ese momento, como acabamos de relatar a propósito de Marie-Madeleine.

«Hoy he visto a tu pequeño protegido y le he suministrado un enema de bario –decía un radiólogo–. Fue extremadamente complicado. Se movía muchísimo sobre la mesa de examen. Me he tenido que enfadar, utilizar toda mi autoridad para poder meterle la pera lavativa y hacerle al fin un examen en condiciones. ¡Me lo puso francamente difícil!». En realidad, el adolescente del que hablaba había sido sodomizado varias veces por su hermano mayor. En el momento del examen, se le investigaba un problema de estreñimiento persistente. El chico ahora vivía con una familia de acogida. A los padres biológicos se les había retirado la custodia. Tenían dos hijos: el abusador y el abusado. El primero era el ojito derecho de la madre. El padre prefería al segundo. Pero el padre estaba dominado por la madre. Y esta dejaba a su preferido abusar del más pequeño. El radiólogo debió haber mostrado un poco más de sensibilidad a la hora de hacer el examen...

Supositorios, termómetros y enemas

¿Por qué nos ponemos más fácilmente un supositorio en Europa que en América del Norte? Lo mismo ocurre para la toma de la temperatura, en el recto, bajo el brazo o debajo de la lengua, dependiendo de las culturas. Podemos desde luego evocar el puritanismo protestante, bastante impresionante al otro lado del Atlántico. Sin embargo, el hecho es que no hay nada racional en utilizar la vía rectal para administrar medicamentos cuyo uso es general, para todo el cuerpo. Se ha experimentado para ver dónde van los supositorios que se supone que tratan la región anorrectal. Cuando se impregnan de ácido diatrizoico, un producto de contraste que permite localizarlos, es sorprendente constatar que debido a la actividad motora retrógrada del intestino grueso, los supositorios suben hasta situarse debajo del bazo o el hígado... No es por lo tanto lógico, científicamente hablando, tratar una afección anorrectal con supositorios...

La idea generalizada es que el supositorio es menos nocivo porque por esta vía no intervienen las papilas gustativas y además no hay daño estomacal. Eso no impide que numerosas personas tengan recuerdos traumáticos relacionados con la inserción de supositorios, termómetros y peras lavativas durante su infancia.

Sylvie, por ejemplo, de la que han abusado sexualmente en numerosas ocasiones siendo niña, ha sido operada varias veces, y de manera totalmente innecesaria, a causa de dolores tan grandes que impresionaban a los médicos. En esas situaciones de crisis, el aspecto dramático del cuadro clínico y la insistencia de algunos pacientes en someterse a una operación quirúrgica que se supone que resolverá sus problemas, conducen con frecuencia a intervenciones que se hubieran podido evitar. Laparotomías exploratorias: el abdomen se abre, lo que deja una gran cicatriz; laparoscopias diagnósticas: los orificios son un poco más pequeños y menos dolorosos, pero sigue siendo una agresión; apendicectomía: ¡ay!, recordemos la historia de Sandra (página 68)... En otras ocasiones, se extrae un útero sin problemas bajo el pretexto de dolor menstrual o menstruaciones demasiado abundantes. Otras veces se acusa a los pobres divertículos de causar diverticulitis, lo cual, después de una evaluación médica exhaustiva, resulta no ser el caso, y se descubre posteriormente que el problema eran simples espasmos, a menudo asociados con la diverticulosis, de la cual son el factor precursor.

Sylvie se queja de que tiene dificultades para expulsar sus heces. Sufre de anismo, como es habitual en las mujeres víctimas de violación. Ha tomado el relevo de su padre. Ha encontrado un tratamiento que prolonga las penetraciones paternas y al mismo tiempo la alivia de sus dificultades para defecar. Se introduce supositorios para poder ir al baño compulsivamente, tres veces al día. Durante un año no intenta someterse a otra intervención quirúrgica. Habla largo y tendido de su primera infancia y de las disfunciones familiares que precedieron la época en la que empezó a sufrir abusos.

Durante el año en el que habla de los abusos, Sylvie continúa introduciéndose de manera ritual un supositorio tres veces al día. Le es necesario todo ese tiempo en el que se expresa, la toma de conciencia y la distanciación de sus padres, de su familia y de su entorno para comprender, o empezar a comprender, la simbología de esa penetración anal diaria con fines «terapéuticos». Y aun así, esa toma de conciencia se hace en forma de preguntas:

—¿Piensa usted, doctor, que una de las razones por las que únicamente los supositorios son útiles es que...?

—Por supuesto que no.

—¿Qué quiere decir?

—¿Acaso ha pensado en lo simbólico de esos supositorios?

Entonces Sylvie se enfurece enormemente con el médico, que no ha hecho nada para evitar que se masturbe el ano tres veces al día y que se prolonguen de esa forma los abusos de su infancia. Abandona esa práctica y nunca más vuelve a ella. Hoy en día es terapeuta y organiza grupos de ayuda para mujeres que han sufrido abusos. Como ella también transitó por ese camino, su eficacia es extraordinaria.

¡Vaya con la televisión!

El simbolismo es a veces más traumático aún. Es el caso de Diane. Cuando era niña, su padre la llevaba a menudo al trastero, donde la azotaba antes de sodomizarla. Su madre permanecía arriba, en la cocina. Más adelante, Diane sufrió abusos por parte de su hermanastro. Cuando acude a consulta, tiene un prolapso rectal. El recto se protruye a través del ano, como si tuviera un pene entre las piernas. Esta analogía es de hecho la que utilizó otra paciente, de la que también abusaba su padre, que hablaba constantemente de su «pene» para referirse a su prolapso rectal completo.

En aquella época, Diane es la amante de un cura de pueblo. Su sexualidad es de una pobreza desoladora. Él la lleva al campo, donde lleno de culpa, le hace el amor de manera expeditiva. Sin embargo, cuando ella está hospitalizada, él la visita. Durante los exámenes de control, realizados después de la fijación de su recto en la pelvis, sobre el hueso sacro, se observa la presencia de placas blanquecinas integradas en la mucosa rectal de la paciente. Se le diagnostica inicialmente leucoplasia rectal. Se trata de un problema en el que la mucosa del recto, que normalmente es roja, se vuelve completamente blanca. Este diagnóstico conlleva la posibilidad de que se desarrolle un cáncer de recto.

El diagnóstico es erróneo.

Se necesita mucho tiempo y un clima de confianza bien asentado para que la paciente reconozca que se masturba frecuentemente y con violencia el ano y el recto. Es ella la que causa sus heridas. El recto, al cicatrizar, ha tomado el aspecto inquietante de la leucoplasia. Diane declara, y eso muestra hasta qué punto ha sido dramáticamente traumatizada por su familia, ¡que se masturba el ano y solo logra alcanzar el orgasmo si está viendo el telediario!

Un psicoanalista dijo una vez que toda imagen televisada es una sublimación de una escena primitiva, como por ejemplo esa relación sexual de los padres vista por primera vez, por sorpresa, por parte del niño, y ese podría ser el motivo, según nuestro conocimiento, en el caso de Diane... Esa masturbación anal era, en cierto modo, el abuso simbólico, ya que el dedo de la paciente había reemplazado al pene del padre cuando era niña.

Cuando el aprendizaje para ir al baño sale mal

La fase de aprendizaje para ir al baño puede ser el desencadenante de un fracaso simbólico a nivel sexual. Sabemos que cuando se adquiere este aprendizaje, los padres introducen un elemento heterosexual. La madre se muestra más vergonzosa con el hijo, el padre se muestra más vergonzoso con la hija. Sin embargo, no se trata de funciones genitales o sexuales sino simplemente de micción y defecación.

A algunas madres, también a algunos padres, les encanta hacer intromisiones anales en su hijo. Es por una «buena causa», piensan ellos. Pero ¿acaso saben por lo que pasan los niños? Durante un taller de psicodrama,[*] una enfermera afirma que siempre se sintió un tanto perturbada cuando, de pequeña, su madre le ponía un supositorio. Abrir la puerta de la posibilidad de abusos sexuales la lleva a hablar, durante cuatro horas, en primer lugar de la relación que tenía con su madre, para después hablar de su padre; los supositorios son solo la capa superficial de una relación muy inadecuada.

Abusos no sexuales

En ciertas circunstancias, la sexualidad *parece* estar completamente ausente de ciertos comportamientos.

Un señor se dispone a realizar un electrocardiograma de esfuerzo, ya que le gustaría saber si puede hacer un curso de submarinismo sin peligro. Llega al laboratorio. El técnico le pide que se quite la camisa. El hombre

---

* Ver glosario.

le pregunta por qué. El técnico le dice que tiene que pegarle electrodos en distintos lugares del tórax para poder hacerle el examen mientras él camina sobre la cinta de correr. Para su gran sorpresa, el paciente ve al técnico acercarse a su tórax con un instrumento eléctrico en la mano que lleva un eje giratorio que se parece vagamente a un destornillador. Aún sin perder la calma, le pregunta al técnico qué es ese instrumento. Inocentemente, él le responde que, como va a sudar, para no perder el contacto con los electrodos, hay que hacerle unas pequeñas incisiones superficiales.

El hombre se enfurece. De repente se disocia, como lo hacen los niños abusados. Acostumbrado a las inducciones de la autohipnosis, entra en trance desde la primera incisión y no siente ningún dolor. Más tarde, dice que observó la escena como si estuviera separado de su cuerpo. Vio surgir la serosidad en la superficie de la piel y cómo emergían los glóbulos rojos. Pero lo que no fue normal fue la reacción del técnico durante la tercera erosión de la piel. Como el hombre no había reaccionado, el técnico le dijo con decepción: «¡Pues sí que es usted estoico!», a lo que él le respondió que no era estoico, sino que sencillamente no sentía dolor. Tras terminar el examen, que fue normal, el paciente se queja al cardiólogo de que ese técnico sádico disfruta haciendo cortes en la piel de la gente...

Tomemos ahora el ejemplo de una paciente a la que se envía a consulta por dolores de estómago. ¡Ya la han intervenido treinta y seis veces! Se trata de una rubia voluptuosa, muy guapa, algo histriónica, con el pelo rubio platino, que se agita mucho y abre bastante los ojos. La consulta va a durar cuatro horas, al término de las cuales la paciente exclama: «Mi cirujano me encanta. ¡No me importaría operarme otra vez con tal de verlo!». Resulta evidente que ese comportamiento, que en realidad es una relación sexual tácita, es patológico tanto por parte del cirujano (sádico) como por parte de la paciente (masoquista), ya que las intervenciones quirúrgicas no sirven para nada.

A veces la invasión del cuerpo del otro se produce sin que el menor paso del proceso pueda hacer pensar en un abuso sexual. Ludivine llega quejándose de un dolor intenso en el ano. Es su hermana, doce años mayor que ella y psicoterapeuta, quien la envía. Le dice que incluso sin haber sufrido nunca abusos sexuales, está convencida de que necesita ayuda a través del análisis de la simbología de lo que ha vivido.

«Mi hermana me ha dicho que me *sodomizaron* con un supositorio cuando tenía dos años», nos explica. Cuando la examinamos, Ludivine no tiene prácticamente ninguna anomalía. En todo caso ninguna que justifique la intensidad de su queja. Unas cuantas hemorroides externas, pequeñas y sin complicaciones. Una de ellas ha estallado y ha provocado un minúsculo hematoma, un coágulo de sangre bajo la piel. Una nimiedad en comparación con su grado de sufrimiento. Y sin embargo, ¡menudo impacto sobre su vida! «Mi marido está harto. No quiero perderlo. Este dolor nos impide tener calidad de vida. Me ha puesto entre la espada y la pared. El año pasado estuvimos seis meses sin tocarnos. A nuestra edad, es fácil traspasar la línea. Me ha dicho que no quiere otros "seis meses" este año. He sufrido varias pérdidas en mi vida. ¡No quiero perder a mi marido!».

Y he aquí que el viejo recuerdo emerge a la superficie. «Tenía dos años. Mis hemorroides asomaban... Mi madre las empujó hacia dentro... Yo gritaba... Me puso un supositorio a la fuerza». Y Ludivine se pone a llorar como una niña pequeña.

Nunca pudo expresar su cólera ni solventar ese episodio mal procesado que vivió con su madre, fallecida a los cincuenta y tres años, un uno de enero, en la iglesia, de una hemorragia cerebral...

A un nivel aún más arcaico, explica: «Yo era la decimocuarta. No fui deseada. Soy la única por la que ella tuvo que ir al hospital. Se vio obligada a quedarse tres días. Tenía hemorroides. De los catorce hermanos, yo soy la única que tiene hemorroides».

Ludivine sufre de anismo. Se le realizan diez sesiones de *biofeedback* que no solamente la curan, sino que también sanan el recuerdo de la lamentable historia que vivió con dos años. El dolor ha desaparecido... Ludivine tiene ahora que trabajar su relación con su marido... y con su hermana...

La invasión corporal puede ser vivida como un trauma incluso cuando no es de carácter sexual. Como el caso de una chica que tiene en su muslo derecho la cicatriz provocada por el cirujano mientras realizaba la cesárea que la trajo al mundo. ¿Accidente? Puede ser...

Capítulo V

LOS MAL AMADOS

Como es de suponer, la mayoría de los niños tienen «buenos» padres o padres «suficientemente buenos». Otros, los niños resilientes, conseguirán salir adelante. Hablaremos aquí únicamente de aquellos que vinieron a pedir ayuda.

Pascale, atrapada por su infancia

Pascale tiene cuarenta y cuatro años. Asocia un problema digestivo con uno sexual, puesto que su queja incluye a la vez un estreñimiento doloroso y dolores vaginales relativamente intensos cuando el hombre al que ama la penetra. Ha consultado a un gastroenterólogo. Este nos la envía y menciona, por un lado, que ha sido víctima de abusos sexuales, y por otro, que es brillante, un tipo de comentario extremadamente inhabitual en un médico que redacta una petición de consulta.

Pascale no ha sido víctima de abusos sexuales durante su infancia. Nadie la ha maltrarado físicamente o agredido sexualmente. Ni su madre, ni su padre, ni ningún otro hombre. Pero tenía miedo a su padre. Él era alcohólico. Era extremadamente violento con su madre y su hermana. Y sin embargo, a ella jamás la tocó. Con los ojos bien abiertos, nos dice: «A los ocho años, yo era la madre de mis padres». Niña prematuramente adulta con padres inmaduros. Se acuerda de que su padre corría a menudo tras ella y su madre (a la que intentaba proteger) apuntándolas con una carabina.

Pascale está casada. Es feliz. De su marido dice que es «el primer hombre que puedo afirmar que amo. También es la primera vez en mi vida en la que estoy tan bien con alguien. Lo admiro». Para después añadir: «Hace seis años que lo conozco y hace seis años que tengo problemas de estómago». ¿Acaso el amor nos enferma?

Al hablar sobre la soledad que sentía cuando era niña se pone a llorar. Resulta claro que el duelo de esta triste etapa de su vida no está terminado. Las lágrimas caen durante largo rato, no las reprime y el dolor se refleja en los rasgos de su cara y el timbre de su voz. Sus padres siguen vivos. Su madre tiene sesenta y nueve años y su padre setenta y uno. Él ya no bebe. Nunca ha sido tierno. No le gusta que lo toquen. «Nunca me ha tomado en brazos». Es curioso cómo habla de ella en masculino...[*] Y añade: «Nunca me ha arrullado». Y después, rápidamente: «Soy la segunda hija en mi casa. Es curioso, mi padre me llamaba "mi chico"».

---

[*] N. de la T.: En la versión original francesa, se puede observar en efecto cómo ella habla en masculino al referirse a sí misma, pero la traducción al castellano («Nunca me ha tomado en brazos») hace que ese detalle se pierda.

Jamás de los jamases ha sufrido la más mínima violencia sexual.

Su historia confirma que los abusos sexuales, por terribles que sean, son una máscara horrible bajo la cual se esconde una problemática mucho más arcaica, profunda y existencial. Además de la admiración que siente por su marido, de su amor por él, de lo bien que se llevan, Pascale tiene una vida sexual plenamente satisfactoria. Alcanza el orgasmo cuando él la acaricia. Alcanza el orgasmo cuando él la penetra. Ha llegado a llorar durante el orgasmo. También ha reído. Pero de vez en cuando tiene pesadillas horribles durante las cuales alguien la persigue. No es capaz de dar detalles sobre la identidad de esa persona. Una censura interna hace que siempre se despierte. Entre sudores, sacude a su marido, se acurruca en sus brazos y solo se vuelve a dormir si él la consuela.

A los diecisiete años, Pascale conoce a un chico de diecinueve. Él es esquizofrénico y tiene psicosis maníaco-depresiva. La viola a menudo. Esto dura casi siete años. Un día, tras una relación sexual, él la estrangula y la deja por muerta. Se va entonces a un bosque y se suicida de un tiro en la cabeza.

Después de ese suicidio, Pascale se dedica a coleccionar amantes. Esta vez es ella quien lleva la batuta. Uno de ellos es un inmigrante sudamericano. Juntos tienen un hijo, que tiene quince años hoy en día, y del cual ella nunca habla. Hace mucho tiempo que el padre ha desaparecido. Durante cuatro años, Pascale vive también una relación pasional con un hombre un poco mayor que ella. Él la sodomiza a menudo. «Perdónenme la expresión, pero esta relación era puro culo —exclama—. «No pensaba en otra cosa. Solo hablaba de eso».

Después «cae» enferma. Justo en el momento en el que empieza una relación amorosa. Comienza a tener dificultades para expulsar las heces. Sufre de lo que los médicos llaman disquecia: el ano no se abre durante la defecación. Se trata de un síntoma muy sugestivo del anismo.

La situación empeora al cabo de cuatro años. Pascale desarrolla una colopatía funcional dolorosa. Le duele mucho el estómago. Encuentra alivio únicamente cuando va al baño. Sus males van siempre acompañados de estreñimiento. Sus heces son mucho más duras de lo normal y son difíciles de expulsar incluso tras mucho esfuerzo. Además de esto, se siente hinchada, y la hinchazón solo disminuye si la evacuación es satisfactoria.

Gracias a su búsqueda amorosa, Pascale consigue construirse socialmente y ser autónoma en el plano financiero. Tras muchos estudios, escala posiciones y termina dirigiendo el departamento de prensa de una gran empresa que tiene su sede a las afueras de París.

A continuación aparecen las dificultades sexuales. «Una noche, hacia las ocho, estábamos haciendo el amor. Yo estaba tumbada bocarriba. Él estaba de pie. Mientras estaba dentro de mí, tuve de repente una sensación intensa en la vagina, a medio camino entre la superficie y el útero. Era como una herida que acababa de abrirse». Desde ese día, Pascale sufre de dispareunia, dolor con la penetración, cada vez que tiene una relación sexual. Hace casi nueve meses que esto dura. Con frecuencia, muy a menudo incluso, ya que sucede en tres de cada cuatro casos, las mujeres que, como ella, sufren de colopatía funcional, tienen dolores de estómago durante y después de las relaciones sexuales. Pero ese no es su caso. En ella el dolor es estrictamente vaginal.

En más de una ocasión durante nuestra primera consulta, Pascale carraspea enérgicamente. Sin embargo, no está resfriada. Nos dice que en ocasiones tiene reflujo gastroesofágico, una disfunción que hace que un poco de líquido gástrico suba hasta la garganta. Pero añade que nunca le sucede durante una entrevista, y rara vez durante el día. El carraspeo frenético aparece sobre todo cuando evoca un suceso doloroso. Inevitablemente, está relacionado con su madre, y evoca recuerdos bucofaríngeos, esos recuerdos arcaicos de cuando tomaba el pecho o el biberón.

Pascale cierra la consulta de una manera curiosa: «No es la primera vez que cuento mi historia. Las veces anteriores fue como si contara la historia de otra persona. Pero hoy se trataba sin duda de mi historia. Y es a ustedes a quienes se la he contado. ¡Y eso que tenía muchísimo miedo de volver a ese lugar!».

Y se anticipa presintiendo lo que viene a continuación: «Siempre he sido una chica muy activa, pero cuando caigo, no tengo ganas de hacer nada en absoluto. No debo pararme porque en ese caso lo pararía todo...». Visualizo entonces la imagen de una niña, desnuda, agachada en un salón con suelo de madera noble, encogida en posición fetal. Y esperando...

Parece evidente que esta mujer en plena madurez acaba de ser alcanzada por su infancia. Finalmente, ya no está obligada a gastar su energía reparando las brechas de la vida cotidiana.

Se le realizan únicamente dos pruebas. La primera consiste en medir los tiempos de tránsito de las materias que atraviesan el intestino grueso. Más o menos el cincuenta por ciento de las personas que dicen estar estreñidas lo están efectivamente cuando se llevan a cabo las medidas radiológicas objetivas del tiempo de tránsito. Esto quiere decir que la otra mitad de los pacientes que se quejan de estreñimiento tienen en realidad tiempos de tránsito completamente normales. Estos últimos presentan muchos más problemas psicológicos que aquellos en los que el intestino grueso funciona con lentitud.

El tránsito de los marcadores obtenido en Pascale es completamente normal. Fisiológicamente hablando, no está estreñida. Sin embargo, se le ha detectado una pequeña anomalía. Los marcadores, pequeñas partículas de plástico blancas visibles radiológicamente al ser opacas, se pasean de derecha a izquierda, hacia el ano, a la altura del intestino grueso, para luego subir hacia la izquierda en las imágenes siguientes. Eso indica que su colon no está paralizado, más bien al contrario, está demasiado activo del lado del intestino, cerca del ano. Esos espasmos empujan las heces para arriba hacia el ciego,* a la derecha del intestino. Pascale no tiene parálisis intestinal, sino un colon hiperactivo, que suele ser síntoma de una colopatía funcional.

---

* N. de la T.: Parte del intestino grueso situada entre el intestino delgado y el colon.

La segunda prueba consiste en evaluar la presión en el ano y el recto. Pascale tiene una contracción anal voluntaria impresionante. En términos visuales, equivaldría a ser capaz de levantar una columna de agua a la altura de un primer piso. En cuanto a su suelo pélvico, su base no está desprovista de nervios como suele darse en las mujeres mayores que se pasan la vida tratando de forzar un ano, cerrado por el anismo, y terminan dañando los músculos del perineo al estirar el nervio pudendo.*

Como era de esperar, debido a que su primer amante la violó, Pascale sufre de anismo. Este anismo es particularmente fuerte en el área del suelo pélvico, donde puede desarrollar esta presión extrema. Ella empuja con fuerza, pero al cerrar la parte superior de su esfínter anal, antagoniza por completo el control de la defecación.

Por último, su recto es muy poco sensible. Cuando se le dilata con una pera la sensación parece totalmente tolerable, como si se quedara «congelada». Esto hace pensar en una disociación. Esto se podía ya suponer cuando Pascale dijo que estaba contando la historia de otra persona. La rectometría, o estudio de la presión durante la dilatación del recto, confirma que su cuerpo también está disociado en términos de sensibilidad. Esta desconexión entre su cuerpo y sus emociones se ajusta a las disociaciones que seguramente experimentó durante las

---

* N. de la T.: El nervio pudendo es una estructura nerviosa que pertenece y se deriva del plexo sacro, y que tiene labores específicas relacionadas con la inervación de la zona de la pelvis donde se localizan los órganos sexuales femeninos y masculinos. Por lo que gracias a sus fibras nerviosas es uno de los encargados de la activación sensitiva y motora del área del pene y la vagina.

repetidas violaciones a las que la sometió su primer marido y frente al terror que sufrió cuando era niña y su padre corría tras ella y su madre amenazándolas con un fusil. Todo parece indicar que sufre traumas de infancia y que esos traumas no son, contrariamente a la mayoría de los que hemos descrito hasta aquí, de origen sexual.

Pascale vuelve tres semanas más tarde. El hecho de haber contado su verdadera historia la ha transformado.

Quince días después, nos dice, que el dolor ha abandonado las profundidades de su vagina para situarse en la superficie, a la altura de la vulva. Como una burbuja que emerge. Pero hay algo que Pascale no entiende: después de nuestra primera entrevista, y durante una semana, cada vez que sube al coche para ir al trabajo, rompe a llorar y sus lágrimas duran todo el trayecto. Nos podemos perder haciendo conjeturas al respecto. ¿Considera acaso su coche como un lugar seguro donde puede llorar sin restricciones, como una niña que regresa al útero materno? ¿Lo ve como un espacio que le pertenece a ella y a nadie más? ¿Y por qué solo le ocurre durante ocho días?

Pascale pasa cinco días sin ir al baño. Después alterna deposiciones enormes y pequeñas heces en forma de bolitas, lo que otros pacientes llaman «excrementos de conejo». Esto indica una presencia de divertículos o contracciones pronunciadas del colon que fragmentan las heces en «cagarrutas», bolitas de materia fecal de tres a cuatro centímetros de diámetro, lisas y redondas, que son un síntoma absolutamente característico de la colopatía funcional.

Su inconsciente nos había prevenido de que había trabajado enormemente para huir de su miseria existencial. El médico le da la baja laboral: *burnout*,[*] otra forma de depresión. Pascale duerme todo el tiempo.

Para curar el anismo, se le recomienda una reeducación con *biofeedback*. Una sesión es suficiente para corregir la disfunción. En paralelo, su vaginismo desaparece. El dolor de estómago que la hace sufrir tanto disminuye. Paradójicamente, los encuentros en *biofeedback* con la mujer que la ayuda son erráticos. Pascale cancela varias de las citas sin razón aparente.

Pide hacer una sesión de hipnosis. Se le deniega. Puesto que Pascale se propone voluntaria, su petición se considera, con razón o de forma equivocada, como un intento de controlar la relación terapéutica. Como alternativa se le ofrece una sesión de EMDR (*Eye Movement Desensitization and Reprogrammation*[**]), una técnica utilizada a menudo con sujetos que han sufrido un fuerte trauma y que utiliza estímulos visuales, sonoros o kinestésicos, tanto del lado derecho como del lado izquierdo del cerebro, con la idea de equilibrar una posible asimetría en el ámbito de la lateralización.

La emoción que predomina y que surge en Pascale durante esta experiencia es una inmensa ira frente a todo

---

[*] N. de la T.: El síndrome *Burnout* (quemado) es un tipo de estrés laboral, un estado de agotamiento físico, emocional o mental. Se trata de un proceso paulatino, por el cual los trabajadores pierden interés en sus tareas, el sentido de responsabilidad y pueden derivar en depresión profunda.

[**] N. de la T.: Desensibilización y reprocesamiento por medio de movimientos oculares (en inglés en el original).

lo que ha vivido. Se deduce que esa ira está como trasfondo de sus problemas sexuales y digestivos. Se da cuenta de manera espontánea de que su falta de adaptabilidad, su dificultad en la relación con la terapeuta del *biofeedback*, se debe a que por fin una mujer cuida de ella, ella que protegía a su propia madre como si fuera su madre... «Me siento mal cuando los demás invierten tiempo en mí —dice Pascale—. La impresión que tengo es que, cuando nací, llegué para cuidar de los demás. Y yo sentía que mi madre tenía mucho miedo...».

Dos meses más tarde, pide cita de nuevo. Llega sonriente. Resplandece. Por primera vez en su vida, ha evacuado una deposición bien formada, normal desde todo punto de vista y de casi cincuenta centímetros... Se acaba de vaciar toda la parte izquierda del intestino grueso en una sola vez. Ese día, Pascale ya no presenta ningún rastro de colopatía funcional. El caso es lo suficientemente extraño en un sujeto normal como para ser anotado. Nos cuenta que estaba tan emocionada que se sintió como una niña y se precipitó hacia su marido para darle la buena noticia. Ya no le duele en absoluto el estómago, casi no tiene hinchazón, no experimenta problemas sexuales y a veces va al baño todos los días durante una semana, sobre todo cuando ve a la mujer que la acompaña en su reeducación del perineo con *biofeedback*. Pascale ha vuelto al trabajo. Se pasa las noches soñando que salva a gente. Por propia iniciativa, acorta la sesión con el médico, le da las gracias, se levanta, le da un beso en la mejilla y se va. Sin pedir una nueva cita.

El origen del trauma de Pascale, quien, en apariencia ayudaba a su madre pero en el fondo se sentía como huérfana, sin padres, es claramente de tipo no sexual. En cierto modo, las rcpetidas violaciones sufridas entre los dieciocho y los veinticinco años fueron un despertar brutal para ella, que la sacó de una infancia carente de afecto.

A falta de madre

«He venido a raíz de un sueño. Mi hermano muerto me sienta en sus rodillas. Me dice que tengo un problema intestinal, que tengo que ver a tres médicos y que la batalla no ha terminado». En realidad, Laure ha sido enviada a consulta porque le duele el estómago y sufre de estreñimiento. El cirujano que nos la envía le ha extirpado en la parte más alta del colon, próxima al apéndice, un pólipo minúsculo cuyas características, visto al microscopio, eran tales que se podía deducir que, aunque benigno, podría haber conducido a un cáncer.

Su hermano murió hace veinte años. Cuando ella tenía doce, se rompió unas cuantas costillas en un accidente de tráfico. Seis meses más tarde, su hermano se suicidó. Desde el accidente, Laure tiene una fobia terrible al coche. Aterrorizada ante la idea de agarrar el volante, nunca ha querido sacarse el carnet de conducir. Cuando va en coche, se estresa, está tensa, entra en un estado de hipervigilancia, con las emociones a flor de piel. ¡Veinte años después de las fracturas, el lado derecho le sigue doliendo! Pero tiene muchísimos síntomas más. El corazón se le acelera. Respira de forma muy rápida y a veces le dan síncopes a causa de la hiperventilación. Tiene dolores en el pecho y este se le encoge. Sufre dolores de cabeza con sensaciones pulsátiles en ambos lados cuando va al baño. Tiene ganas de orinar todo el rato. La penetración le duele y cuando hace el amor y tiene un orgasmo, el estómago se le queda dolorido: «El dolor es espantoso tras un buen orgasmo. Es como una decepción. Me siento vacía». A veces llora, no ríe nunca.

A sus problemas sexuales se les unen reglas extremadamente abundantes. Tiene ciclos cortos y reglas que duran diez días, con muchos dolores y coágulos. Ha sido «invadida» de forma sistemática por parte de ginecólogos. Laparoscopia a los quince años. Laparoscopia a los dieciséis. Laparoscopia a los dieciocho. Con veintidós años consigue no obstante ser madre. Su hijo, de once años en ese momento, la acompaña durante su primera consulta. Ella se deja convencer por otro ginecólogo para someterse a una histerectomía. Desde entonces, lamenta haber accedido a esa intervención quirúrgica que le ha quitado la posibilidad de ser madre de nuevo. *Casualmente*, su útero era normal cuando fue examinado por el patólogo...

La relación con su médico es difícil, caótica, laboriosa. Laure es acusada de no colaborar. No respeta las citas, ni siquiera se molesta en cancelarlas. Durante mucho tiempo se niega a hacerse cualquier prueba o examen, tomar cualquier medicamento. Su médico de familia, llevado al límite, se enfada y le pide que vaya a ver a una psiquiatra que le recomienda. Tras el primer encuentro, la psiquiatra apunta en su informe: «La paciente no entiende la utilidad de una consulta en psiquiatría, y yo tampoco en este caso. No tiene ninguna demanda ni sufre de nada en particular. No es necesario hacer una evaluación psiquiátrica, o en todo caso, tendría usted que precisar por qué me la ha enviado».

Entre las consultas a las que asiste y las que cancela, Laure empieza sin embargo a contar algo de su vida. Hay una historia de abusos sexuales, pero está mal elaborada, es poco precisa, jamás relata los abusos de forma clara. Dice que los sufrió con tres años, pero también que eso es lo que le han contado. Ella misma no alberga ningún recuerdo. Sí registra una historia de abusos a la edad de ocho años: un hermano de quince se masturbó y eyaculó sobre ella. Ella se quejó a sus padres y los problemas cesaron. Dice no haber podido nunca resolver las cuentas con ese hermano. Es el que se suicidó a los veinticinco años.

En cuanto al padre de su hijo, él también falleció a los veinticinco años, pero en un accidente de coche. Cuando ella tenía veinticinco, se presenta en urgencias quejándose de que la ha violado un desconocido. Había ido a un bar y se encontró sola en una cama de hotel. No tiene ningún recuerdo de la violación, únicamente una sensación de profundo asco. Los médicos que la examinan no encuentran ningún rastro de semen, ninguna prueba objetiva de que la violación haya tenido lugar. Cuenta que dos de sus hermanas han sufrido también abusos y que sus historias han salido a la luz recientemente y han provocado la hospitalización de su padre por un infarto. Por último, tiene pesadillas recurrentes desde su adolescencia en las que es violada, asesinada y destripada.

La primera psiquiatra se ha negado a verla en consulta, pero puesto que Laure tiene sueños de índole mistico-religiosa, se exige una segunda consulta en psiquiatría, para asegurarse de que no tiene un problema mental grave, ya que proviene de una familia en la que un hermano se suicidó, otro es esquizofrénico y una hermana se atiborra de antidepresivos. Tras numerosos esfuerzos y mucha paciencia, y tras amenazarla con que se interrumpa el seguimiento terapéutico, acaba por aceptar. En un sueño inquietante, una mujer le pide que se proteja y que cierre las ventanas. Una voz le dice: «Laure, soy Maurice. Hazme caso. Sígueme. Abraza tu fe, atraviesa y únete a mí». Maurice es el nombre de su hermano fallecido. Ese día, ella añade, para crear un poco más de confusión, que piensa que su padre no es su padre, que su madre es su verdadera madre y que su abuelo materno la concibió con su madre... También afirma que su madre, totalmente ausente durante su infancia y que concibió quince hijos, de los cuales ella es la última, le ha dicho que a ella la sentía como si fuera su nieta...

Con el segundo psiquiatra, Laure describe a su padre como alguien alegre, respetuoso, dulce, bueno, afectuoso, mientras que de su madre dice que es agresiva, cerrada y autoritaria. A pesar de que la relación de ese padre de calidad con esa madre sin cualidades parece que puede ser *a priori* complicada, asegura que se llevaban muy bien.

Después de una evaluación profunda de su infancia, este psiquiatra, teniendo en cuenta la historia de los abusos, concluye a pesar de todo que la paciente no tiene delirios, ni alucinaciones, ni ilusiones, ni ideas suicidas o de asesinato, y que a pesar de la presencia de sentimientos de extrañeza, él ve únicamente algunos elementos postraumáticos en una mujer con una personalidad histérica.

Señala de ella lo que era evidente a nivel médico, es decir, que «su cuerpo habla». La describe como alguien muy sensible a las pérdidas y las catástrofes, y que lo único que habría que vigilar es que puede perderse en la disociación. Dice que los fármacos psicotrópicos no tendrán ningún efecto beneficioso en ella a causa de su personalidad y sugiere continuar la terapia de apoyo.

Una segunda opinión médica por parte de un gastroenterólogo llega más o menos a las mismas conclusiones; el especialista incluso afirma que Laure no necesita someterse a psicoterapia.

Es entonces cuando ella se confía y se describe como alguien completamente desencarnado. «Soy un tubo digestivo con patas. No logro estar a gusto con mi cuerpo. Y por la noche voy de pesadilla en pesadilla. Hace cuarenta y cinco años que habito mi cuerpo y que estoy muy mal. Es demasiado pequeño. Ha sufrido demasiado. Cuando tenía seis años, le hacía preguntas a mi madre sobre la vida y la muerte. Y tenía miedo de que me envenenasen». También dice estar traumatizada a causa de las numerosas historias de cáncer en tíos y tías suyos, tanto del lado paterno como del materno. En reacción a todas estas historias se hizo vegetariana.

Los síntomas de Laure empiezan entonces a mejorar. Su última crisis de dolor de estómago sucede el día del entierro de su padre. Es terrible y dura una semana entera. No vuelve a suceder. Las dificultades en la relación con el médico han terminado por aclararse después de que este la instara a ver al segundo psiquiatra. Ella habla de su sabiduría siendo niña, que percibió claramente la naturaleza infantil de su madre, expresada cuando esta le dijo que se sentía más su hija que su madre: «Mi padre siempre tuvo que aguantar la ira de mi madre. Ya de bien pequeña, me daba perfectamente cuenta de que ella no reaccionaba contra él sino contra su propio padre, que era alcohólico. Es por eso por lo que cuando mi padre llegaba del trabajo y se tomaba un trago en casa, ella le montaba un número, pero yo sabía que en realidad se vengaba de su propio padre». Y después dice con ternura, en relación con su padre: «Podía estar escuchándolo durante horas...».

Y finalmente repite lo que nos dijo al principio del todo: «En realidad, es un sueño lo que me ha traído hasta aquí. Mi hermano muerto me sienta en sus rodillas. Me dice que tengo un problema intestinal, que tengo que ver a tres médicos y que la batalla no ha terminado...».

Nadie delante de mí, nadie detrás de mí

Françoise vive sola en París. Su madre tuvo un brote psicótico cuando ella nació. Esquizofrénica, permaneció en un hospital psiquiátrico hasta el final de sus días. Su padre era alcohólico. Cuando su mujer fue internada, se divorció y dejó a su hija en una institución. Durante mucho tiempo ella no tuvo ningún contacto con él. Supo que se había suicidado cuando ella ya tenía cuarenta años, es decir, veinte años más tarde.

Françoise empieza diciendo que su mayor problema es la soledad. Sabe que todos los dolores de estómago que la atormentan desde que es muy pequeña, prácticamente desde que nació, por lo que dicen las personas que se ocuparon de ella, están relacionados con el abandono. Durante un tiempo vivió con una familia de acogida. Cuando tenía ocho años, su padre la dejó con una hermana suya, una mujer severa que jamás le mostró cariño. El marido de esta se puso a «manosearla» y a hacerse «manosear» por ella, sin nunca llegar a violarla.

En un momento dado, Françoise lee un libro que habla de lo que quieren decir los dolores de estómago, algo que la marca mucho. Decide ir a ver al autor, un médico. Rápidamente, los dolores desaparecen. Conoce a un quebequés que está de visita en París y se enamora locamente de él. Se va en un primer momento a vivir con él a Quebec y después se instalan en París. Pero él es difícilmente «exportable» y siente mucha nostalgia de su país de origen. Un día decide irse a Canadá, en un principio temporalmente. A pesar de su deseo, ella no ha tenido ningún hijo con él. Justo después de su regreso a Canadá, él se enamora de una quebequesa de pura cepa y tiene un hijo con ella. Françoise alberga entonces ideas suicidas y se sumerge en su abandono, con unos dolores de estómago espantosos.

Françoise se reencuentra entonces con Gérard, una antigua pasión, un amor de juventud, que ha adoptado a dos niños haitianos. Piensa que puede crear una familia con él. Se lleva bien con él en lo relativo a la ternura y la sexualidad. Sin embargo, tiene un sueño impresionante en el que, de forma totalmente contraria a la realidad, no consigue que su compañero tenga una erección. La relación decae. Gérard la deja. Ella cae en una profunda depresión, que viene acompañada de un sentimiento de soledad extremo. «No hay nadie delante de mí ni nadie detrás de mí», nos dice. Comienzan entonces los sueños premonitorios. Sueña que su hermano se ahoga poco antes de que suceda. Sueña con la muerte del padre de un compañero de trabajo poco antes de que fallezca. Todo esto no parece asustarla.

Se da cuenta de que los dolores de estómago más intensos, que la hacen sufrir tanto, empezaron cuando conoció a su marido quebequés. Escribe una carta en la que se desahoga que envía al tío que la toqueteó. Comienza a ver a una psicoterapeuta, pero el hecho de estar viendo a dos profesionales al mismo tiempo le hace sentirse incómoda...

Sueña con su médico de familia. Ella está en su casa. Lo oye reír con otros pacientes en la habitación de al lado. En ese sueño ve también a un pelirrojo. Un viejo recuerdo sale a la superficie. Un pelirrojo, junto con uno de sus hermanos, está «jugando a los médicos» con ella cuando tenía siete años. Cuando el doctor viene hacia ella, en el sueño, lo ve gigantesco, como Zorba el griego. Dice que ha leído una carta de un tarot que habla de Zorba el Buda como un ideal, conjugando los valores orientales del budismo con los valores occidentales de la encarnación. En su sueño el doctor le dice «cariño». Le pide que se ponga en el marco de una puerta que no tiene puerta. Le dice que no colabora lo suficiente y se pone de rodillas delante de ella porque él es mucho más grande. Le besa el pecho y sin embargo ella no tiene ningún sentimiento sexual, únicamente cariño. Hay agua que gotea del techo de la casa, inunda el suelo y sale por un sótano que da a la entrada del edificio. Ella reconoce la manija de la trampilla que cierra ese sótano como la que tiene en su hogar real.

A Françoise ya no le duele el estómago a diario. Considera esto como un milagro. Ahora tiene períodos de tregua que duran unos cuantos días. Al ser intermitentes, sus dolores ahora van a poder servirle de guía.

De la enfermedad a la identidad

Violaine lleva viendo a su médico desde hace quince años. «Estoy bien, ya no tengo ningún problema. ¿Aceptaría usted verme aun sin tener ningún problema físico? Me gustaría hablarle de mis dificultades como mujer».

Había acudido a él por primera vez quince años atrás debido a una inflamación del recto. Tenía, en ese momento, una colitis de Crohn* desde hacía seis años. Pidió una segunda opinión médica. Todos los años, en efecto, en una fecha aniversario repetitiva, cada otoño, experimenta un brote de su enfermedad, tan grave que la lleva a ser hospitalizada. Violaine tiene dos hijos, una niña de cinco años y un niño de dos. Para ser como mamá, la niña tiene dolor de estómago, pero no tiene proctitis de Crohn. El marido de Violaine la apoya considerablemente. Desde el principio, en la primera visita, ella asocia su problema de salud con su padre cuando dice que este no la aceptó.

Unos días después de la primera visita, se la somete a un examen endoscópico del recto y el colon. Es el mismo médico el que realiza la prueba. Primero decide hacerlo con un tubo de metal rígido, sin laxante ni lavado, para convencerse de que, efectivamente, tiene una

---

* Ver glosario.

proctitis, una inflamación del recto, debido a la enfermedad de Crohn. Es verdad que a veces esta enfermedad se puede parecer a otros tipos de inflamación del intestino. Convencido pues de que se trata de la enfermedad de Crohn, hace que le suministren dos enemas mientras se prepara para realizarle una colonoscopia y así ver hasta qué punto llegan las lesiones en el intestino grueso. Pero quince minutos más tarde ella tiene un ataque de pánico y le dice al médico que siente que está siendo violada. Un recuerdo le viene a la cabeza, completamente olvidado hasta ese momento, de enemas que le hacían cuando era muy pequeña porque tenía lombrices. También dice que la proctoscopia ha hecho que le bajara la regla dos semanas antes de lo previsto cuando ella es, por norma general, perfectamente regular. Después de decir que sus padres solo se interesaban en ella cuando estaba enferma, rechaza categóricamente la colonoscopia.

Violaine habla un poco de su pasado. Antes de desarrollar la enfermedad de Crohn, estuvo mucho tiempo estreñida. De hecho, dice que en su familia ese problema es habitual. Ella solo iba al baño una vez a la semana, como algunos pacientes que, en ocasiones, pasan bruscamente de un problema de estreñimiento grave y crónico, que ha durado décadas, a padecer una colitis de Crohn importante. En la época en la que estaba estreñida, era su marido el que le suministraba los enemas. A él le hubiera gustado sodomizarla, como había hecho con las mujeres con las que había estado antes, pero ella siempre se había negado.

Violaine se había ido por primera vez de casa de sus padres a los diecinueve años, para vivir con un hombre casado. Dolores de cabeza y frecuentes ganas de vomitar habían comenzado desde su llegada al oeste de Canadá, donde se había reunido con su amante. Cuando comenzó a padecer la enfermedad de Crohn, su madre le dijo claramente que le estaba «bien empleado» y que se le había desarrollado por haberse ido aquel invierno con ese hombre casado...

Todavía asintomática desde que la proctoscopia hiciera que el período le bajase antes de lo previsto, Violaine pasa la mayor parte de su tiempo en consulta distanciándose simbólicamente de sus padres. Tiene numerosos lapsus. Un día, al querer hablar de sus hijos dice «mis padres». Otro día, al hablar de su padre, dice «yo me tomo en brazos» en vez de «él me toma en brazos». Su madre sentía muchos celos por los estudios que estaba cursando y, sobre todo, por la relación que tenía con su padre. Dice haber experimentado una ira y un odio increíbles hacia sus padres. «¡Hubiera preferido no nacer en esta familia!». Por otro lado, recuerda haberles preguntado a menudo, siendo niña, si había sido adoptada. No reprime sus emociones. A veces le sucede que grita durante la consulta que no se ha sentido amada por sus padres y que solo se acercaron a ella cuando se puso enferma. Por lo tanto, mantener esta enfermedad le proporciona una ganancia secundaria (ver página 30) de conservar el amor de sus padres que le había faltado hasta entonces.

Siempre vestida de negro, cada vez se siente más angustiada. Y su intestino se calla. Ya no tiene ni dolor de estómago, ni diarrea, ni sangrado anal. A veces empieza a experimentar un curioso sentimiento de desdoblamiento:

«Parece que hubiera otra persona presente». A menudo habla de ella misma en masculino sin darse cuenta de la confusión de identidad. Añade por otro lado que ha tenido muchas relaciones de ternura, sin sexualidad, con homosexuales. Sueña de nuevo con su médico de familia. Entre otras cosas, con su ayuda, sale de un túnel sumergido bajo el agua. La sexualidad con su marido se tambalea. En otro sueño, un desconocido la viola. Mientras lo hace, ella lo mata de un disparo. Ella nos dice que es consciente de que desea llenar un vacío.

Cuatro meses después de su primera visita, Violaine tutea a su médico: «¿Te has dado cuenta de que es la segunda vez que te vengo a ver y no lloro? Además, ya no necesito venir a verte. Tengo la impresión de haber estado en un caparazón desde que me puse enferma. Y ese caparazón se ha abierto». En ese momento tiene una o dos deposiciones sólidas totalmente normales al día y es totalmente asintomática.

Durante quince años vendrá a consulta de forma esporádica, puntual, siempre por su propia iniciativa, jamás porque el médico se lo pida. Justo un año después de haberlo visto por última vez, en la misma época en la que habitualmente sufría una proctitis, viene a decirle que ha pasado su primer invierno sin tener ninguna crisis. Está encantada. Y le dice: «Me sienta bien ocuparme de mí». También cuenta que fue a visitar a sus padres durante una semana y que todo el tiempo tuvo cólicos, como un bebé.

Cinco años más tarde, Violaine vuelve unas cuantas veces. Hay mucha tensión en el seno de su relación de pareja. Ambos están sin empleo. Ella se da cuenta de que cada vez que ha sangrado, previamente había sentido una gran falta de amor, y esta vez ve un paralelismo entre sus padres y su marido. Rechaza cualquier examen o prescripción, y así será durante mucho tiempo.

Tres años más tarde, vuelve. Esta vez sangra abundantemente por el recto. Está a la espera de que le realicen una histerectomía porque tiene menstruaciones difíciles, dolorosas y abundantes. Un ginecólogo bastante liberal al respecto se lo ha recomendado. Violaine padece además una enorme presión por parte de su madre, de su hermana y de su suegra, quienes en el pasado han sido también sometidas a esa intervención, para que se la realice. Las tres mujeres intentan convencerla: «¡Ya verás lo bien que se está sin útero!». Esta vez, en medio de una crisis, acepta un tratamiento médico potente. Después de reflexionarlo, decide rechazar la histerectomía. Pide una segunda opinión a otro ginecólogo, que le dice no estar de acuerdo con la operación, la tranquiliza y la apoya en su rechazo de la cirugía. Ella deja el tratamiento con fármacos sin pedir opinión a nadie. Los síntomas no vuelven.

De nuevo hace una pausa durante tres años. Esta vez, Violaine viene para pedir opinión, antes de someterse, después de todo, a la histerectomía. Esta la realiza una ginecóloga cuyo físico es extremadamente masculino. La indicación quirúrgica fue, no obstante, bastante razonable porque Violaine tenía un pequeño tumor benigno en el útero que se había duplicado de tamaño en un año. No lamenta en absoluto haberse operado. Meses más tarde, los dolores de estómago vuelven con más fuerza si cabe y empieza a tener flujo con sangre y mucosidad con pus en las heces.

Habla largo y tendido de la relación con su padre, con su madre y con su marido. Cuando era pequeña, su padre estaba a menudo ausente, trabajando. Era su madre la que ejercía la autoridad. Dice de ella misma que trata a su marido de modo maternal salvo cuando está enferma. En ese caso los roles se invierten y es él quien la cuida como una madre. A lo largo de todos estos años, ha prosperado a nivel social. Ha estudiado psicología e incluso ha obtenido un premio de excelencia en la universidad. Pero sigue dudando mucho de ella misma. Dice que siempre ha tenido que rendir al máximo para gustar a sus padres. Su hija de diecisiete años la ha conmocionado porque le ha dicho que la encuentra «inaccesible». Reconoce efectivamente tener mucha dificultad para dar rienda suelta a sus emociones, y sin embargo es multiorgásmica cuando hace el amor con su marido, tanto con la penetración como con caricias. De nuevo rechaza categóricamente hacerse cualquier prueba o examen. Y su médico de familia anota en su historial: «Tiene sin duda problemas profundos de identidad y carece de una figura masculina interiorizada».

Y todo vuelve al orden...

Y de nuevo hace una pausa que dura tres años...

Cuando vuelve es porque ha comenzado a perder sangre por el tubo digestivo, justo el día de su cumpleaños. Se trata ella misma con enemas de cortisona. No ha pedido opinión a ningún profesional. Con ese tratamiento ha conseguido controlar el dolor. Evacúa deposiciones bien formadas entre una y tres veces al día. Había estado de baja laboral y la baja había terminado justo en la fecha en la que había empezado a trabajar como psicóloga en una empresa tres años antes. Pasado ya tiempo, no lamenta haber perdido su útero puesto que su calidad de vida ha mejorado notablemente desde entonces. También ha dejado de actuar como una madre con su marido.

Violaine vive multitud de emociones. La tristeza la conduce a la ira y a ataques de llanto. «Todo va de la cabeza a las tripas». Pasa por momentos de vacío y desesperanza. Su hija, que ya se había ido de casa, ha vuelto e invade enormemente el espacio. Esto remite a Violaine a su propia familia, en la que ella no encontraba su sitio. Ella era la quinta. Encuentra a su marido desganado. Ha notado que bebe y come muchísimo: «Estoy llenando un vacío». Ha decidido ir a ver a un psicoterapeuta.

Como los síntomas son graves, resulta necesario hacerle una endoscopia. En la primera cita, se muestra extremadamente reticente a que le realicen el examen. Se adopta un enfoque paradójico* y a cambio de posponer el examen, se le sugiere que haga un dibujo de sí misma con y sin enfermedad. Dos semanas más tarde, al no desaparecer los síntomas, se le propone una colonoscopia y la acepta, ¡por primera vez en quince años! No hay sangre a la vista. Hay deposiciones compactas de color normal en

---

* N. de la E.: Se trata de un tipo de intervención que se ha mostrado útil para pacientes que presentan resistencia al cambio. El terapeuta, en vez de promover la remisión del problema, va a solicitar al paciente que tome distancia respecto a sus síntomas y tome conciencia de la poca probabilidad de que ocurran las consecuencias catastróficas que anticipa.

el colon. Se descubren numerosas cicatrices que indican que ya ha tenido una colitis muy activa. La parte derecha y central del colon es completamente normal. Tras la colonoscopia, llora muchísimo. Sus sollozos tienen el tono de los de una niña pequeña. Los llantos comienzan antes de la endoscopia, se intensifican durante la exploración y se multiplican por diez al terminar. Expresa su decepción por no haber conseguido controlar la enfermedad ella misma. Ese día acepta un tratamiento médico adecuado desde todos los puntos de vista. También es enviada a una terapeuta especializada en la expresión y liberación de la ira.

Vuelve una semana más tarde, transformada, y dice que nunca se había dado cuenta de hasta qué punto le resulta difícil dejarse llevar y de lo mucho que, durante quince años, ha controlado de forma absoluta la gestión de la enfermedad y la relación médico-paciente. Dice también por primera vez que no sabe cómo acceder a la alegría y que nunca le han enseñado a disfrutar. Vive la prescripción farmacológica, literalmente, como un castigo. «Al día siguiente tuve ganas de acabar con todo, no de suicidarme, pero sí de morirme». Ese mismo día nos enteramos de que no solamente tiene una hija de veinte años, sino también un hijo de dieciocho del que, en quince años, jamás ha dicho una palabra...

Gracias a su crisis de pareja, Violaine ha aprendido a apreciar a su marido: «He elegido bien a mi compañero. Me escucha mucho. No me presiona. No me recuerda a mi padre. Es bueno». Esta vez, encuentra una diferencia entre él y sus padres cuando añade que «él tiene un niño interior que no tiene dificultad en ser alegre». Todas las pruebas que se le han realizado a nivel bioquímico están bien. Acepta una colonoscopia de control mientras está sin tomar ningún medicamento. Este examen lo vive sin complicaciones y sin dolor. Está en completa remisión a nivel endoscópico. Ella misma bautiza esta época como «crisis existencial» y dice que ha llegado a tocar una capa aún más profunda de su ser. Afirma además que cree que ha hecho verdaderamente las paces con sus padres. Y, en una clara referencia a un síndrome del aniversario, se da cuenta de que su hija tiene ahora la edad que ella tenía cuando se fue de casa de sus padres para irse a vivir con un hombre casado: «He arreglado el problema. Me era realmente difícil encontrar mi sitio. Estos últimos años me he sentido totalmente perdida».

Violaine también empieza a tener sueños premonitorios. Pero ello no le perturba. Se limita a constatarlo. Y se pregunta en ese momento si, ahora que ya no tiene ninguna enfermedad, va a poder seguir yendo a consulta para hablar de sus problemas de identidad como mujer. Esto plantea, por supuesto, el problema de poner el dolor emocional en manos de un terapeuta corporal, así como el de la reticencia de la gente a someterse formalmente a psicoterapia. Sin mencionar la herencia freudiana, que lleva a que un gran número de psicoanalistas «ortodoxos» y mal informados sobre estudios recientes aún nieguen el incesto familiar y lo atribuyan todo al complejo de Edipo. Según Joyce McDougall,[*] todos los seres humanos

---

[*] N. de la T.: Psicoanalista y ensayista neozelandesa (1920-2011).

deberían hacer un trabajo de duelo entre la bisexualidad psíquica y la monosexualidad corpórea.

De ahí la cuestión de la diferencia entre, a nivel cerebral, el «esquema corporal» (anatómico, quirúrgico); el «cuerpo imaginario», lleno de fantasías y deformaciones corporales, y la «imagen inconsciente» del cuerpo, mucho más ligada a las relaciones, tema abordado por Françoise Dolto y Willy Barral.[*]

Los mal amados

Todas las historias relatadas en este capítulo tienen en común, más allá de la problemática de los abusos sexuales, el hecho de que, desde el principio de sus vidas, las personas que sufrían no se habían sentido reconocidas ni amadas. Si existe una palabra bien desgastada en el lenguaje cotidiano es sin duda la palabra *amor*.

Todos los seres humanos, de todos los países, culturas y religiones, buscan ser amados. Tanto hombres como mujeres.

Con demasiada frecuencia, sin embargo, *amor* significa «amarse» a través del otro, como expresión de la necesidad «egoísta» de un sujeto «narcisista», él mismo herido a causa de una inmensa falta de amor y que proyecta en los demás, sus hijos los primeros, sus propias carencias afectivas. Así, los padres que se «infantilizan» y utilizan a sus hijos como padres, terapeutas o simples bastones, dicen que los «aman»...

---

[*] N. de la T.: Psicoanalista y escritor francés (1940-2013).

No existe amor sin respeto a la diferencia, a la alteridad absoluta del otro.

Hoy se sabe que el recién nacido guarda en la memoria el sonido de la voz de su madre, que le cantaba canciones de cuna cuando estaba en su vientre y, ya nada más nacer, está listo para *mamar* ese sonido en preferencia a cualquier otro, utilizando así su sistema digestivo no con fines digestivos sino afectivos.

Recordemos que Didier Dumas, al retomar la historia de Caín y Abel, los hermanos verdugo y víctima, plantea la hipótesis de que al comienzo de la relación, Adán y Eva hicieron el amor sin hablar de amor. Pero esa es otra historia...

¿Podría ser entonces que el mayor trauma para un niño sea el hecho de haber sido concebido sin amor?

Capítulo VI

SÍNDROME DEL ANIVERSARIO, TRAUMAS INNOMBRABLES Y DUELOS NO TRANSITADOS

Aquello que no ha podido expresarse con palabras se imprime y se expresa a través de enfermedades o trastornos.

Cuando las heridas son insuperables, indecibles, dejan huella. Aquello que no puede ser expresado persiste y se transmite. Aquello que se somatiza persiste en el cuerpo del hijo, del nieto y del bisnieto –portavoces de esos traumas– y se convierte en el lenguaje del antecesor herido.

El camión que sangra

Los hijos de Paul se acuerdan de que este a veces les hablaba de la guerra de Argelia y del *shock* que había sufrido el día en que, tras una violenta escaramuza, había visto pasar un camión lleno de cadáveres y heridos. La sangre chorreaba por la parte trasera. Era la sangre de sus camaradas que se desangraban hasta morir. Ello le recordaba a su abuelo: en Verdún, durante la Primera Guerra Mundial, él también había perdido a muchos primos y amigos en condiciones atroces e imposibles de olvidar.

Las carreteras y los camiones eran su vida, la de su padre. Ya su abuelo y antes de él su bisabuelo acompañaban a las ovejas por los caminos de Camargue hasta los pastos alpinos. Y él, Paul, había creado su propia empresa de transporte, pero sus dos hijos eligieron otros trabajos, en otros lugares, *renunciando a la herencia*.

Un verano, Paul muere. Diez años más tarde, su hijo sufre una hemorragia anal. Es también verano. Es hospitalizado de urgencia. Le descubren una enfermedad de Crohn gravísima. Algunos piensan que en esta dolencia hay algún factor hereditario, pero ningún científico ha conseguido aún demostrarlo. El hijo decide, sin embargo, salir del hospital para investigar las posibles causas familiares de su enfermedad. Está cansado, desanimado por estar de baja y haber parado en seco sus actividades deportivas y profesionales.

Habla de su historia largo y tendido. De repente le viene la imagen del camión que «sangra por la parte trasera». Trabaja entonces intensamente sobre esa imagen y a continuación sobre su historia familiar, las carreteras, la sangre, «desangrarse hasta morir». Todo eso, él lo «metaboliza», lo «digiere» mientras lo expresa con emoción, y el hecho de hacerlo le devuelve la vida y sobre todo el ánimo.

Una semana más tarde, a su hermana le da lo que parece ser un ataque. Durante unas horas se queda muda.

Imposible hablar. Después se acuerda de lo que ha estado trabajando su hermano y de la muerte de su padre. Al día siguiente está ya mejor. Parece ser que su indisposición fue una manera de «celebrar» los diez años, día por día, que hacía del ataque cerebral que tuvo su padre, Paul, unas semanas antes de fallecer de cáncer. Ella reprodujo inconscientemente todos los síntomas. Evidentemente, ha hecho lo que nosotros llamamos un síndrome del aniversario.

La hermana se tranquiliza y tranquiliza a su médico de familia.

Al día siguiente, traumatizada, vuelve a hablar de ello. Se siente atravesada por una historia que no le pertenece, que no es suya sino de su círculo cercano, de su familia...

Le proponemos que continúe queriendo a su padre, que le sea fiel como hija, pero también que le «devuelva» los síntomas, ya que en el más allá es evidente que ya no sufre.

Pero hablar de ello, proponer, no parece ser suficiente para cambiar las cosas. Por precaución se realiza un escáner. Le encuentran un tumor en el cerebro que resulta ser canceroso. La operación sale bien, sorprendentemente bien. Rápidamente recupera todas sus facultades. Hablamos con ella. El síndrome del aniversario le resulta evidente. Los dos hijos habían renunciado a la herencia profesional y a la empresa familiar, pero nadie había pensado en otro tipo de herencias. Cada uno había heredado, o tomado como herencia, manifestaciones diferentes de la enfermedad mortal del padre. El mensaje ha sido transmitido, el trabajo de elaboración se lleva a cabo y el cuerpo cicatriza al igual que el alma, «devolviendo» la enfermedad paterna al pasado, finalizando así el duelo con la transformación.

El niño atropellado

María es una de nuestras antiguas pacientes y viene a consulta por problemas de familia. Resulta que su madre ha enfermado de cáncer y ha fallecido. María se queda en el grupo porque necesita ayuda. Se trata de una mujer mediterránea típica, guapa, morena, delgada, esbelta, a la que se le dan bien las artes, la jardinería y la cocina. Tiene un corazón de oro, es muy educada, agradable y discreta. Se gana la vida cuidando a los demás.

Es de origen italiano, con una historia familiar espantosa de hijos naturales abandonados y que a menudo han sufrido abusos, a menudo han sido golpeados, a menudo han sido heridos, y esto durante varias generaciones.

Su padre, los días buenos, le enseñaba su espalda lacerada por todos los golpes recibidos en diversas familias de acogida y, los días malos, pegaba a sus hijos mientras gritaba, chillaba y vociferaba, abusando de ellos y sembrando el terror. María se ha pasado la vida yéndose a dormir tetanizada, vigilando la puerta.

María tiene un hijo biológico. En el colegio, los niños mayores le han pegado y han abusado de él.

Ella ha hecho un tipo de psicoterapia, el psicodrama, y se ha reconciliado con sus padres, que se han suavizado con la edad.

Pero un nuevo drama estalla. Su madre, ya mayor, fallece de un cáncer en el hospital. Se «olvidan» de avisar a María, lo que hace que tarde mucho en encontrar el hospital. Llega demasiado tarde y no ve a su madre con vida.

Pasa la tarde con su padre y después se va a su casa a dormir.

Por la mañana temprano, la llaman porque su tía tiene miedo ante la puerta cerrada de su padre, que no contesta; le pide a María que abra.

Con horror, descubre a su padre ahorcado, lo «desata», lo deja en el suelo con cuidado, lo entierra y no se recupera de lo sucedido.

Este hombre había dicho que no sobreviviría a su esposa y que se suicidaría después de su muerte. Y eso hace, con premeditación. Pero el hecho de que su hija tenga que tomar el cadáver en sus brazos para colocarlo en la cama también es una violación de su «espacio personal pericorporal» e, indirectamente, otro abuso de poder.

La hace sufrir hasta incluso después de su muerte. Esta violencia impuesta le impide hacer el duelo tanto de su madre como de su padre, lo que reaviva todos los traumas del pasado.

María trabaja extensamente en psicodrama las diversas etapas con la técnica de la «realidad excedente»[*]:

---

[*] N. de la E.: También conocida en el ámbito castellanohablante como «doblaje». En su libro Psicogenialogía, Anne Ancelin Schützenberger lo explica así: «... se trata de escenificar la situación para cerrarla de manera diferente, mientras se tiene una experiencia cinética, afectiva y física de ella. Su propósito no es compensar los malos momentos de nuestra vida sino permitir experimentar interacciones en una realidad psicodramática interactiva, para cerrar una situación, una tensión o una relación de manera más satisfactoria».

despedirse de su madre llegando antes de que muriera en el hospital, despedirse de su padre, decirles adiós para siempre, colocar las cenizas de sus padres en una hermosa urna, plantar un rosal sobre la urna en su jardín... simbólica y psicodramáticamente, como parte de una acción terapéutica.

Pero todo esto no es suficiente: sigue teniendo pesadillas. Siente el peso del cadáver y el olor le entra por los orificios de la nariz.

Continúa en el grupo del psicodrama.

Aproximadamente dos años más tarde, vuelve para asistir a un grupo de psicodrama de tres días y habla de sus problemas respiratorios. Precisa que es como si tuviera una piedra en el pecho.

—¿Qué tipo de piedra?

—Gres.

—¿Y qué tipo de gres?, ¿de qué forma?

—Rectangular.

—Pero ¿qué es?

—Una lápida.

—¿De quién?

—De mi hermano pequeño.

Volvemos entonces al pasado.

Cuando María tenía doce o trece años, vio a lo lejos, al final de la carretera, cómo su hermano pequeño, que iba en bici, fue atropellado de lleno por un camión, salió proyectado hacia la carretera y después fue desplazado y arrastrado por el vehículo hasta un campo vecino. También vio la fuga del camionero.

Se quedó paralizada, sin voz, petrificada; no podía ni moverse, ni gritar, ni llorar. Después pudo bajar, pedir ayuda y hacer que hospitalizaran a su hermano moribundo, pero fue demasiado tarde y murió en el hospital.

Evidentemente, ya habíamos trabajado esto, durante mucho tiempo, en el transcurso de la terapia, pero la dramática muerte de su padre es un gran *shock* que le corta la respiración durante meses de... pesadillas.

María no solo está angustiada y en baja forma, sino que además ya no «siente» su «Yo-piel»:* utilizando la expresión de Didier Anzieu,** ha dejado de sentir los límites de su cuerpo, los límites de su espacio pericorporal, que han sido violados por la penetración de esa muerte violenta.

El trauma más grande de su vida, la dramática muerte de su hermano pequeño hace ya muchos años, se ha solapado con la muerte de su padre.

María siente por tanto esa lápida en su pecho.

Lo que decidimos es hacer psicodrama utilizando la técnica del de la realidad excedente para hacer desaparecer la lápida de forma psicodramática, enterrar con todo el respeto a su hermano, guardar un minuto de silencio, plantar un rosal encima, verter lágrimas reconfortantes, y entonces ella puede por fin abrir los pulmones, el plexo solar y... respirar.

---

* N. de la T.: Concepto complejo planteado por Didier Anzieu que representa de forma metafórica un primer Yo corporal o sensorial sobre el que se estructurará un Yo psíquico que permite acceder a la identidad, al sentido de sí mismo y a la realidad.
** N. de la T.: Psicoanalista francés (1923-1999).

A pesar de tener una amplia experiencia profesional en psicodrama, uno de nosotros había decidido un año antes pedir consejo y llevar este caso a otros colegas que pudieran supervisarlo. Representamos en un juego de rol la situación de bajar al padre ahorcado, con un «ego-auxiliar»* asumiendo el papel de María. Este ego-auxiliar, Nina, una psicodramatista experimentada de aspecto mediterráneo y que no conoce ni a los protagonistas ni su historia, vive con el psicodrama el recuerdo enterrado, la conexión entre el peso del cuerpo sin vida de su padre y el peso del hombre sobre «ella» cuando fue víctima de abusos sexuales siendo niña... («ella» representando a María).

Naturalmente, el relato de cómo la ego-auxiliar vive la representación psicodramática es transmitido al grupo del que forma parte María, cuya infancia, por su parte, parece cubierta por un tupido velo.

A continuación los acontecimientos siguen su curso durante varios meses.

Al día siguiente de ese episodio trabajamos con ella sus sueños y su vivencia corporal. Finalmente, para explicarle visualmente lo que es realmente la «burbuja pericorporal personal», mostramos a María el famoso dibujo

---

* N. de la T.: Un ego auxiliar, también conocido simplemente como auxiliar, es la posición tomada por otros participantes en un ejercicio de psicodrama o juego de roles para simular situaciones específicas para los protagonistas. El ego auxiliar tiene tres funciones: la de actor, al desempeñar el papel que le es presentado por el director y que desarrolla su espontaneidad; la de investigador, mediante la observación del otro, sus experiencias, sus lenguajes (verbales y no verbales) y sus roles, y la de terapeuta, a través de su relación funcional con el director.

clásico de Leonardo da Vinci *El hombre de Vitruvio* (un hombre moviendo los brazos y las piernas dentro de un círculo y un cuadrado), y entonces ella lo «ve» y lo comprende.

Recordemos que Lawrence LeShan* explica que se puede superar un primer trauma grave de la infancia, pero que un segundo trauma revive y aumenta el primero hasta el punto de tener graves consecuencias psicosomáticas.

Recordemos también que Freud, en sus notas a pie de página, dice que hay que tratar los traumas como una sinfonía en la que los temas se deben tomar y trabajar en diversos registros hasta llegar a una expresión final, a menudo en forma de «ramo», y cuyo final está lejos de ser la cura completa. Cada «mejoría» debe ser tratada únicamente como un «escalón»: «Volved a emprender veinte veces vuestra obra, pulidla sin cesar y volvedla a pulir».**

Seguir al paciente en su evolución, escucharlo, permitirle volver a hablar incluso cuando en principio ha «terminado» y escucharlo o recibirlo sin cita, si es necesario de manera urgente, o realizar una pequeña sesión de terapia adicional… Hasta que todo esté trabajado y «reelaborado» o, como dicen los psicodramatistas, hasta que finalmente se logre una «catarsis de integración» de la persona en su integridad, y no solo catarsis parciales, incluso aunque estas sean espectaculares, ya que por lo general, o más bien siempre, el trabajo debe ser retomado.

Lo que se hace deprisa, sin tomarse su tiempo, el tiempo no lo respeta.

---

* N. de la T.: Psicólogo estadounidense (1920-2020).
** N. de la T.: Frase atribuida a Nicolas Boileau-Despréaux, poeta y crítico literario francés del siglo XVII.

La señora del collar de perlas

Amanda viene para hacer un genosociograma. Esta técnica no solo busca trabajar el árbol genealógico, sino que también, como solemos decir en psicogenealogía clínica, permite efectuar un trabajo psicológico transgeneracional que tiene en cuenta a la vez la genética, las herencias y las psicohistorias de todas las relaciones de la familia a través de varias generaciones.

Amanda es una mujer elegante, original, reconocida profesionalmente y de muy buena familia. Lo que llama la atención nada más entrar por la puerta, para un observador perspicaz, es que lleva un fular largo, precioso, y un maravilloso collar de perlas, con un original diseño que hace que recuerde a un collar de perro.

—Qué collar más bonito, señora. ¿Se lo pone a menudo?

—Siempre.

—¿Siempre siempre?

—Siempre...

—¿Siempre...?

—Y desde siempre.

—¿Acaso a alguien de su familia le duele el cuello o ha tenido problemas de cuello?

—Sí, mi hijo.

—¿Qué le ha pasado?

—Ha tenido cáncer de garganta.

—¿Qué edad tiene?

—Treinta y cuatro años.

—¿A qué edad ha tenido el cáncer?

—A los treinta y tres.

—¿Y hay otros problemas en lo relativo al cuello?

—Sí, siempre ha tenido problemas de dolor de garganta.

—¿Alguien de su familia fue guillotinado o decapitado o ahorcado?

—Decapitado.

—¿Quién?

—El padre del abuelo de mi marido,* el tatarabuelo de mi hijo.

Y hablamos de ello.

Emoción, lágrimas, recuerdos que afloran...

—Fue decapitado en la plaza de una ciudad de provincias y jamás fue enterrado. Como un *perro*.

—Es importante honrar a ese muerto y enterrarlo con dignidad. Incluso de manera retroactiva, simbólicamente, casi dos siglos después.

Le surge la idea de decirle una misa para que su alma descanse, de depositar en familia una corona en esa plaza pública.

Tiene ganas de hacer este entierro diferido pero necesario con toda la familia del tatarabuelo decapitado y también en presencia de su hijo, el que ha tenido cáncer de garganta.

Poco después, se producen cambios en el mundo exterior, por etapas: los detalles de la decapitación pública de ese hombre aparecen en los medios de comunicación.

---

* N. de los A.: No nos sorprendamos por el hecho de encontrar a una nuera, madre de familia, que se identifica con la familia de la cual lleva el apellido y que la define socialmente. Sobre todo cuando las familias a menudo han experimentado los mismos traumas y con frecuencia son espejo unas de otras.

Como si la conmemoración de un acontecimiento hubiera provocado sucesivas olas que alcanzaron lo externo. Pero esto es otra historia, relacionada con las «ondas mórficas» tan apreciadas por Rupert Sheldrake,[*] los estudios sobre el inconsciente colectivo, la especificidad de la célula y su contenido... y la propagación de las ideas en el mundo.

El día en que Rodolphe encuentra de nuevo los colores de la vida

Rodolphe es psicólogo y psicoterapeuta. Trabaja en una institución con criminales y trata en consulta enfermedades graves.

Si bien parece haber alcanzado el éxito en su vida profesional, acarrea sin embargo una especie de depresión recurrente. Se siente mal consigo mismo. Devorado por su trabajo, es incapaz de tener una relación personal o afectiva de larga duración.

Tras varios años de psicodrama, comienza por fin una relación sentimental y encuentra un nuevo trabajo, menos difícil, en otra ciudad. Pero cada verano sigue viniendo para participar en talleres de psicogenealogía y psicodrama.

Ese día, estamos haciendo juntos su árbol genealógico sobre una gran hoja de papel pegada a la pared y anotamos también los hechos que han marcado la historia de su familia a lo largo de cinco o seis generaciones. Y he aquí

---

[*] N. de la T.: Biólogo y parapsicólogo inglés (1942-).

que, al hablar de las dificultades que su madre tuvo cuando era niña, Rodolphe nos dice: «Mamá no superó nunca la muerte del niño de su vecina. Ella lo cuidaba cuando tenía quince o dieciséis años. Se reprochó muchas cosas aun cuando no fue para nada culpa suya».

No fue culpa suya...

La mano de Rodolphe tiembla un poco mientras escribe esto en la gran hoja de papel.

Aprovecho la ocasión. Profundizamos en el tema. Poco a poco, Rodolphe descubre que él era, a ojos de su madre, un niño de sustitución (equivalente a un hijo de sustitución*). Él «sustituía» al vecinito muerto.

Representamos en psicodrama el entierro del niño. También hacemos «doblaje» (realidad excedente). Rodolphe representa a su madre. «Ella» (Rodolphe) pide perdón al niño muerto por su negligencia y después, en un «cambio de roles», Rodolphe, representando esta vez al niño, responde: «Lo entiendo, pero sécate las lágrimas. Ya estoy en paz. No estoy enfadado contigo».

Rodolphe se representa a sí mismo y terminamos el psicodrama. Sale unos instantes de la habitación... para volver rápidamente. Abre la puerta sorprendido, relajado, sonriente, como iluminado desde dentro, y pregunta:

—Esa cortina de ahí tiene una borla roja, ¿verdad?

—Sí.

—¿Y esa de ahí tiene una raya azul?

—Sí.

—¿Y ya eran así hace unos minutos?

---

* Ver glosario.

—Sí.

Cuando la sal pierde su sabor y el mundo su color...

¡Rodolphe descubre un mundo lleno de color! Nos dice esto emocionado. Hasta ese momento, para él todo era oscuro y gris, del color del duelo en el que vivía, del duelo que su madre no había hecho.

Los días siguientes, los meses siguientes, los colores del mundo persisten.

Rodolphe había sido criado por una «madre muerta», recogiendo la expresión del psicoanalista André Green, una madre ausente para su hijo, completamente preocupada por el trauma de la muerte de otro niño. Él pagó los platos rotos. Había sido un niño un poco triste, reservado, obediente y bueno, pero que lo veía todo negro...

Verlo todo negro es una expresión popular. Pero para Rodolphe es necesaria la experiencia del rojo y del azul para, finalmente, poder «salir adelante».

Hacer el duelo *para* su madre le salva la vida. Al dejar el lugar del niño de sustitución, alza su vuelo personal, dejando tras él los colores de la muerte.

Ya hemos abordado las «lealtades familiares invisibles» que crean lazos transgeneracionales, es decir, atraviesan las generaciones sin que las palabras, el lenguaje, la expresión de sentimientos de tristeza, de culpa, de angustia de muerte, de lágrimas compartidas, hayan permitido una elaboración psíquica. El trauma, la herida abierta, se quedó con la madre, en un mundo que se volvió gris para ella, y esto la atravesó hasta llegar a su hijo. Después de trabajarlo (emociones, catarsis y toma de conciencia), el hijo redescubre los colores del mundo.

Descubrimientos poéticos

Todas las tradiciones, todas las religiones, numerosos mitos y cuentos nos dan información sobre los descubrimientos de la sabiduría popular. Es interesante ver que los poetas han descrito y precedido las constataciones clínicas de los terapeutas así como los resultados de estudios médicos.

Homero ya hacía decir a la bella Helena que esta veía la vida de colores, pero que, en cambio, no veía ciertos eventos. Jean Giraudoux,* en *La Guerre de Troie n'aura pas lieu*** [La guerra de Troya no tendrá lugar], la hace afirmar, mientras Héctor la insta a abandonar Troya para evitar la guerra, que había seguido a Paris porque destacaba en el cielo «como una silueta», mientras que su esposo, Menelao, era «transparente»: no lo veía.

Nosotros hemos constatado a menudo, tras una importante sesión de terapia, que el «cliente» (el protagonista) tenía el cuerpo y el rostro relajados, la respiración más profunda, la postura más recta, y él (o ella) decía ver el mundo más luminoso.

La escucha activa del bebé

Nos encontramos en una isla y una bella aunque triste mestiza, hija abandonada ya madre, viene a quejarse más bien que a acudir a consulta: Óscar, su bebé (está ahí, en su capazo) llora día y noche, y ella no puede dormir.

Se queja:

---

* N. de la T.: Escritor (1882-1944).
** N. de la T.: Pieza de teatro, 1935.

—Cuando se enteró de que estaba embarazada, ese cabrón no dio más señales de vida.

Silencio.

—¿Cómo?

—Se ha escondido lejos, en París. *(El bebé llora, la madre se sorbe los mocos).*

—Qué lindo es este bebé. *(Óscar, de dos meses, se da la vuelta y me «mira». Yo le sonrío).* Y va vestido bien guapo.

—Sí, su tío le ha traído esa ropa.

—¿Su tío?

—Sí, el hermano de su padre.

—Ah. ¿Viene a veces?

—Sí...

—¿Y la ayuda un poco?

—Me trae algo de dinero.

—¿A menudo?

—En realidad sí.

—Lo ves, bebé —digo mientras me giro hacia Óscar—, tu padre te quiere y te envía dinero para que estés bien, y una preciosa chaquetita para que vayas guapo. *(Los llantos del niño cesan).* Y lo que sucede entre tu papá y tu mamá no es culpa tuya. Lo que importa es que tu papá te quiere, te manda regalos y te envía a su hermano para que te dé mimitos.

El bebé mira a su madre, me mira a mí y parece esbozar una sonrisa.

Durante la noche que sigue a la entrevista, Óscar está tranquilo y se duerme apaciblemente.

Días más tarde, la madre vuelve: el bebé duerme.

Este ejemplo es uno de los numerosos casos clínicos de mi práctica que ilustran bien el trabajo de Françoise Dolto: los niños lo saben todo y lo «entienden» todo, lo memorizan todo, desde el nacimiento, incluso antes. Si le hablamos con franqueza a un niño, se calma y se duerme.

En otro caso de consulta para un bebé de dos meses que no duerme nada y llora día y noche, ponemos en evidencia, con la ayuda de sus padres, que no duerme nada desde que fue sometido a una operación a las cinco semanas de vida; que además la madre casi se había muerto también cuando ella misma tenía cinco semanas, que la abuela materna había perdido, con cuatro años, un hermano pequeño de cinco semanas, asfixiado; que el bisabuelo era un niño abandonado encontrado a las cinco o seis semanas; que el padre del padre había sido un hijo «bastardo» abandonado por su progenitor en otro país...

Mientras el padre y la madre experimentan fuertes emociones al revivir toda esa historia y la plasman en un gran cuadro general llamado genosociograma, el bebé, que se llama Nicolás, lo sigue todo con la mirada, atento, ahora en brazos de uno, ahora en brazos del otro, dejando de llorar y acurrucándose. Finalmente, Nicolás se queda dormido apaciblemente, y sigue durmiendo sin problema las semanas siguientes, habiendo asimilado que él mismo no será abandonado después de la terrible experiencia familiar de «abandono» y de casi morir en quirófano.

Cuando el bebé está acurrucado en los brazos de su madre mientras ella lo alimenta existe una entrega total mutua en la comunicación madre-hijo y en los intercambios de palabras, susurros y miradas. Se trata de una construcción conjunta, de un «co-yo» (como dice Ada Abraham[*]), de un «coconsciente» y un «coinconsciente» familiar (así como diría J. L. Moreno[**]). La experiencia corporal y la experiencia intersubjetiva crean un enraizamiento corporal interactivo, de arraigo, que incluye la historia familiar y el árbol genealógico de los padres. Bion[***] ya decía que el pensamiento se arraiga en la experiencia emocional y que esta se transmite, se digiere por los padres o permanece sin resolver.

La experiencia se interioriza ya sea mediante lo que Nicolas Abraham[****] y Maria Törok[*****] llaman una «introyección» (con representaciones completas), ya sea en forma de «inclusión psíquica», en cuyo caso los datos de la experiencia están dentro de una especie de «agujero», encerrados en un armario psíquico, sepultados como en una cripta, separados del resto de la personalidad, al márgen de la vida psíquica.

Puede darse entonces una especie de *escisión*: una parte de la persona lo sabe mientras que la otra parte no lo sabe, no lo percibe, no lo quiere saber.

Por otro lado, hemos hablado de la *disociación* que sucede en casos de terror, de trauma violento, de violación, de tortura. El secreto y todo lo que no se dice crean trastornos de este tipo.

---

[*] N. de la T.: Psicóloga clínica rumana (1922-2018).

[**] N. de la T.: Jacob Levy Moreno, médico estadounidense de origen rumano (1889-1974).

[***] N. de la T.: Wilfred Bion, psiquiatra y psicoanalista británico (1897-1979).

[****] N. de la T.: Psicoanalista francés de origen húngaro (1919-1975).

[*****] N. de la T.: Psicoanalista francesa de origen húngaro (1925-1998).

Del azar y de la medicina narrativa

Vistas desde el prisma de la medicina científica, todas las historias que acabamos de relatar no son sino «anécdotas» que corresponden a un antiguo modo de práctica médica basado en observaciones personales, que son extensas y que nunca han sido evaluadas de manera prospectiva mediante métodos estadísticos para comprobar si una hipótesis formulada a partir de la experiencia es correcta o no. Sin embargo, y como pensaba Freud, es necesario informar sobre casos clínicos para establecer hitos y allanar el camino hacia la investigación básica y clínica.

A la inversa, en el campo de la salud mental, la relación nunca puede estar fundada en un dato estadístico aplicado a un caso particular. Son precisamente los datos estadísticos, que se basan en la curva de Gauss y el cálculo de probabilidades, los que nunca permiten saber con antelación quién vive y quién muere. Cada historia es individual y su evolución depende de múltiples factores, ya sean personales o relacionados con el entorno.

Ahí reside la dificultad de practicar una medicina que no esté deshumanizada. El encuentro entre un médico y la persona que viene a pedirle ayuda debe ser obligatoriamente una relación de igual a igual, y no de un psicólogo (o «gran jefe») que «sabe», como si fuera un padre, y le dice al otro lo que tiene que hacer para mejorar. Es más bien al contrario.

La persona que se encuentra mal tiene que cuestionarse y alegrarse de estar siendo acompañada. La píldora del amor o de la felicidad no existe...

Pero entonces, ¿cómo integrar los dos enfoques, el que mide al otro y el que respeta sus diferencias y cree siempre en una evolución posible hacia la vida «contra viento y marea»?

A todas luces, si el recuerdo de un hermano pequeño atropellado resurge mucho más tarde en un torrente de emociones, significa que no ha sido memorizado sino más bien «olvidado» y «escondido», como si hubiera sido metido en un armario. Pero nos podemos preguntar por qué una mujer moderna y elegante lleva siempre puesto un collar de perlas mientras que los restos de un ancestro, decapitado siglos antes, han sido abandonados sin sepultura como si fuera un perro, sangrando del cuello.

Muy pretencioso sería el científico que osara afirmar que todo eso no es más que el fruto del azar.

Y bien temerario el psicólogo que, a la inversa, pretendiera «ex cátedra» que ambas cosas están relacionadas.

Solo podemos vivir con un conjunto de conocimientos establecidos para la ciencia y con «hipótesis de trabajo» para las relaciones. No obstante, el síndrome del aniversario ha sido demostrado por Joséphine Hilgard, al menos a nivel psiquiátrico y de manera «estadísticamente significativa» en algunos casos de psicosis en adultos.

Esto nos debe animar a seguir estando abiertos y a admitir el hecho de que, incluso aunque se trate de una ciencia «débil» porque es retrospectiva, continuamos siendo los herederos de nuestra historia.

Llamamos «medicina narrativa», «medicina humanista» o «medicina de la persona» a ese enfoque médico practicado desde hace milenios y que tiene en cuenta la vida de los individuos, no solamente sus enfermedades como si estuvieran aislados del resto.

Al caso clínico y la amnesia clásica siempre hay que añadirles la historia de vida, pues ahí residen los traumas no elaborados por nuestros ancestros, esos traumas que hacen de nosotros momias vivientes a la espera de ser nosotros mismos el día en el que nuestros antepasados, habiendo contribuido para bien o para mal a la evolución de la humanidad, estén bien muertos y enterrados.

Como dice Willy Barral junto con Françoise Dolto, podríamos decir que hay que «descodificar las cicatrices inscritas en el "currículum de la historia"» (al menos) desde los bisabuelos y los padres del niño (o del niño que llevamos dentro), ya que «el cuerpo del niño es el lenguaje de la historia de sus padres». Una medicina de la persona implicaría iluminar o descifrar la psicohistoria familiar.

Capítulo VII

EL VAIVÉN DE LAS GENERACIONES

No son los hechos en sí, por muy terribles que sean, lo que nos hace sufrir. El sufrimiento viene por no haber podido mostrar nuestros sentimientos, no haber podido hablar, ni chillar, ni llorar, ni compartir, por el hecho de que lo hemos soportado todo en silencio.

Este sufrimiento tiene su fuente en el secreto, como si de un cadáver metido en un armario se tratase, o como si fuera un fantasma que clama venganza o que pide que se lo reconozca o se lo llore.

Es importante explicar bien lo que es un «secreto de familia» para que dejemos de pensar que se trata forzosamente de algo «vergonzoso» que se calla de forma voluntaria.

Hay que tener en cuenta que no se lo contamos «todo» a todo el mundo.

Todos (tanto padres como hijos) tenemos derecho a tener nuestro jardín secreto. Y existen secretos normales.

Por ejemplo, los hijos saben que los padres tienen una vida sexual y afectiva de puertas adentro, y ello se considera normal.

El secreto de familia «dañino» es aquello de lo que no se habla, aquello que se prohíbe saber pero se deja entrever que uno sabe (doble restricción). Esto constituye una «escisión de la personalidad». Se trata en esencia de algo «doloroso» para los padres, abuelos u otros parientes, alguien próximo afectivamente o que ejerce de padre o madre (niñera, segunda esposa del padre o abuelo).

Este sufrimiento no dicho, «no expresado en palabras», a menudo porque no se ha encontrado la manera de decirlo o porque, socialmente, se ha tenido que silenciar, este sufrimiento del padre, madre, abuelo o abuela, así como la escisión así constituida, son dos componentes esenciales de la dinámica del secreto dañino, que carcome y cuyo hecho oculto a menudo acaba convirtiéndose en repetitivo, como la resaca o, como dicen los anglosajones, como una patata caliente (*hot potato*) que se pasa de unas manos a otras para evitar quemarse...

Se trata comúnmente de un acontecimiento que alguien ha vivido y del que no quiere o no puede acordarse porque es demasiado doloroso de rememorar y la persona trata de huir de ese recuerdo por todos los medios (una autora, la actriz Annie Duperey, lo llama «el velo negro»).

Lo que traumatiza al niño de un padre o una familia que tiene secretos es el hecho de que presiente que hay algo importante en su familia de lo que se lo mantiene al margen, y que por tanto solo le queda intentar adivinar lo que es, al mismo tiempo que se lo obliga a actuar como si no supiera nada. Porque el niño siempre adivina, presiente, que se le esconde algo, pero no tiene ninguna posibilidad de adivinar de qué se trata. Hace entonces conjeturas imaginarias que agrandan todavía más su angustia.

Es la definición misma de la doble restricción, puesta en evidencia en 1956 por la Escuela de Palo Alto, con Gregory Bateson[*] a la cabeza.

Esta teoría fue formulada por pura casualidad a lo largo de discusiones libres entre investigadores invitados (por separado) en California que se encontraban en año sabático, y por lo tanto libres de dejarse llevar por sus posibilidades creadoras. Hicieron proyectos en común y, utilizando las nuevas tecnologías (el vídeo), pudieron poner a punto esta teoría revolucionaria para las ciencias humanas y la psiquiatría.

Encontramos en las condiciones que se dieron en Palo Alto en 1956 aquellas de la edad de oro de la Grecia clásica, en la que las grandes mentes se reunían libremente e, influyéndose mutuamente, podían hacer surgir ideas o teorías innovadoras simplemente mientras charlaban.

En realidad, la mayoría de los secretos de familia no están ligados a hechos vergonzosos o de culpa, sino más bien a «traumas vividos en una época determinada y a la cultura sociopolítica de esa época» y que quedaron sin expresarse verbalmente, sin elaborarse, aun cuando a menudo han sido expresados de forma indirecta, parcialmente

---

[*] N. de la T.: Antropólogo, psicólogo y epistemólogo estadounidense de origen británico (1904-1980).

simbolizados a través de gestos, actitudes, fotos, imágenes mostradas o historias contadas en familia.

Esta simbolización parcial se puede traducir a veces en silencios, frases extrañas o enigmáticas, llantos, gritos y momentos de ira repentina sin razón aparente o en reacción a comentarios anodinos o imágenes banales (por ejemplo del cine o la televisión) que provocan una emoción incomprensible vista desde fuera.

En la mayor parte de los casos, las personas se quedan mudas, sin palabras para explicar su trauma, lo que va a traumatizar aún más al niño testigo de su sufrimiento porque no encuentra explicación ni entiende la razón y a menudo se culpabiliza.

La mayoría de las veces se trata lógicamente de traumas privados, como duelos y pérdidas, pero también pueden ser otros traumas relacionados con una época determinada, como una guerra o catástrofe natural.

Estos traumas llevan puesta una «etiqueta» (*labelling*) que está relacionada con algo que está mal visto, que es «vergonzoso» y que es socialmente inaceptable o rechazado por la sociedad de la época: un determinado color de piel, una forma de ser especial, un estatus de «no persona», de siervo o esclavo, una deformación física o una pérdida económica, todo ello pudiendo ser únicamente entendido y tratado si se «recontextualiza el contexto» socio-histórico y local, si se tiene en cuenta el «nicho ecológico» de la familia, en ese período histórico, en esa parte del mundo y en esa cultura en particular, con sus costumbres, usos y tradiciones, sus prejuicios, sus creencias y su nivel de conocimientos científicos.

Se observa que el secreto y lo no dicho se delatan y se filtran por todos los poros, como si hubiera una «fuga de comportamiento», en el sentido en el que se habla de una fuga de agua (*leakage*) o la filtración de un secreto. Es el caso, por ejemplo, de un lapsus verbal, kinésico, comportamental, o de un silencio que evita un tema o asunto abordado dentro de una conversación aparentemente banal.

Pero esta «enfermedad del secreto» se vuelve contagiosa, transmisible, como un avatar o idiosincrasia familiar.

Existen familias de «callados» en las que no se habla nunca de nada personal ni de sentimientos.

De generación en generación se dan entonces «familias traumatizadas y traumatizantes» (se habla a veces de «familias malditas», como por ejemplo la de los Kennedy, que acarrea una transmisión de lealtad invisible y duelos no realizados) y «familias con secretos». Casi se podría decir que el presidente John (Jack) Kennedy (1917-1963) contribuyó a su propio asesinato al dejar abierto, el 22 de noviembre de 1963, el techo antibalas de su coche aun cuando se le había advertido del posible peligro en Dallas. Recordemos que el padre de su padre, Patrick Kennedy (nacido en 1858), se quedó huérfano de padre con tan solo seis meses cuando este murió un... 22 de noviembre. Esta muerte creó muchas dificultades a la familia y es poco probable que esa fecha fuera olvidada por sus descendientes. John Kennedy la olvidó. Y se olvidó de tomar precauciones, y su hijo, John John, se quedó también huérfano ese día.

De lo que sufrimos por tanto no es del trauma en sí mismo o de los diversos abusos de poder a los que se nos ha podido someter, a nosotros, nuestra familia o nuestros antepasados, cercanos o lejanos, traumas tan horribles, espantosos y angustiosos que no se puede hablar de ellos, incluso acontecimientos horribles que hemos reprimido tan profundamente que ya no podemos ni siquiera pensar en ellos (en un primer lugar «indescriptibles» y después simplemente «impensables»).

Pero sufrimos las reacciones emocionales, psicosomáticas o somatofísicas, kinésicas y corporales, que todos llevamos dentro y cuya fuente se encuentra en el presente o pasado familiar lejano, en todo aquello que ha sido sufrido en silencio durante toda una vida o incluso durante varias generaciones: las masacres de poblaciones, las exterminaciones raciales, culturales, nacionales, sexuales, religiosas, los abusos de poder sobre alguien débil, entre los que se encuentran los abusos sexuales, los incestos, la esclavitud de mujeres y niños, etc.

Lo que es traumatizante son las emociones vividas y las palabras no dichas, sentidas pero reprimidas, guardadas en secreto de generación en generación, que podrían ser la causa de lo que los sociólogos y médicos llaman a menudo una «neurosis postraumática» (trastorno de estrés postraumático) y que nosotros más bien denominaríamos consecuencias, repercusiones y «*Gestalt* inacabadas» de duelos no realizados, no verbalizados, no llevados a cabo en su momento.

Son estos sentimientos no expresados que permanecen como encapsulados (*bottled up*) los que son a menudo, inconsciente e involuntariamente, transmitidos de generación en generación por medio de una superposición o confusión identificatoria de las generaciones. Este solapamiento, esta transmisión, pasaría por canales aún mal identificados.

Existen padres realmente tóxicos, y resulta esencial superar su herencia traumatizante, liberarse de ella y reclamar, recuperar, el derecho a tener su propia vida. Cuando el maltrato parental no se hace realmente manifiesto desde una mirada externa a la familia, esos niños no logran obtener ayuda hasta que la toxicidad afectiva y educativa de sus padres ha podido ser detectada, reconocida y expresada.

A falta de esto, cuando estos niños se convierten en adultos, viven y hacen vivir la nocividad repetitiva de algunos de sus propios comportamientos portadores de conflictos, fracasos y destructividad porque sus actitudes son diferentes de las de sus padres, inesperadas, complejas y sutilmente desviadas de aquellas de las que se originan. Siguen por tanto sufriendo en su vida afectiva, profesional, social y sexual. Les ayuda el hecho de que nos dirijamos a la vez al niño perturbado que sufre y que siguen teniendo en su interior y al adulto responsable de sí mismo, para así llegar a un distanciamiento entre los dos y liberar los traumas pasados.

Podríamos hablar, citando a Konrad Lorentz,[*] de «huella»; o en el caso del vudú, de «control»; o incluso de «fantasmas» y de «cripta», según Nicolas Abraham y

---

[*] N. de la T.: Biólogo austríaco (1903-1989).

Maria Torok, y de «campo mórfico» y «ondas mórficas», en palabras del biólogo Rupert Sheldrake.

Algunos traumas históricos

Los cirujanos del emperador Napoleón, durante la terrible y dramáticamente mortal retirada de Rusia de la Gran Armada (1812), inventaron la expresión *trauma del viento de la bala* para hablar de las pesadillas y otros trastornos que sufrían los supervivientes, testigos del sufrimiento de camaradas de combate heridos o despedazados. Hoy en día a esto se lo llamaría una «neurosis de guerra» o «neurosis postraumática». Este tipo de trastornos estaba relacionado con el sentimiento de pavor que tenían los soldados al sentir la ráfaga de viento producida por el roce de la bala del cañón que iba a matar a un camarada, un caballo, un perro o cualquier otro ser viviente... O incluso masacrarlo todo, destruirlo y quemarlo, dejando únicamente ruinas a su paso.

En la misma línea de «huellas producidas por un trauma histórico», podríamos citar el caso de los serbios, que, aún a día de hoy, confunden la toma de Constantinopla por los otomanos, el 29 de mayo de 1453, con la batalla de Kosovo (*Kosovo Polje*) el 28 de junio de 1389, y el final de la «Gran Serbia»... La famosa y confusa batalla de Kosovo terminó con la desbandada de los supervivientes después de que el sultán Mourad, asesinado por un líder serbio, Milos Kobollic, eligiera llevarse con él al paraíso de los valientes al príncipe Lázaro, canonizado desde entonces, decapitándolo. Se ha vuelto legendario y, por una superposición de fechas y la confusión con la toma de Constantinopla por los turcos, esta fecha del 28 de junio se ha vuelto sensible y «sagrada» para los serbios.

El trauma de este duelo no realizado y de esta pérdida es tal que esta fecha del 28 de junio se repite desde hace casi seiscientos años: fue el preludio de la Primera Guerra Mundial (con sus nueve millones de muertos) tras el atentado de Sarajevo (28 de junio de 1914) contra el heredero del Imperio austrohúngaro, Francisco Fernando de Austria.

Una vez más, otro 28 de junio vivió el inicio de las masacres en la ex-Yugoslavia, en concreto el 28 de junio de 1989, bajo la presidencia de Slobodan Milosevic, quien hizo traer los restos del príncipe Lázaro (san Lázaro) a Kosovo con fines políticos y construyó un monumento en memoria de la batalla de 1389 y de la resistencia de los serbios ortodoxos.

Para nosotros, se trata de un duelo no hecho «en aquella época», de una herida abierta que se ha quedado sin cerrar, de una memoria que sigue viva, según las reglas del «efecto Zeigarnik»,* tareas interrumpidas o inacabadas a las que damos vueltas y vueltas durante toda una vida, a lo largo de varias generaciones, incluso a través de los siglos.

Recordemos por otra parte ciertos acontecimientos de los que Europa occidental y en especial Francia no se han repuesto y de los cuales encontramos con frecuencia huellas en nuestros pacientes y en otras personas que sufren trastornos diversos y que vienen a consultarnos.

---

* N. de la E.: Ver nota en página 26.

Rastros de un trauma marcado y «no digerido»: pistas para reflexionar

El año 1793 estuvo marcado en Francia por los acontecimientos dramáticos del Terror y de la muerte de Luis XVI guillotinado. El período posterior al Terror fue seguido, pocos años más tarde, por la unificación burocrática centralizada, la instauración de un doble sistema de numeración: por un lado por decenas hasta el 69, y por otro, extrañamente, también vigesimal (de veinte en veinte) del 70 al 99. Es decir, y esto solo sucede en Francia, el uso generalizado de sesenta-y-diez,[*] cuatro-veces-veinte[**] (ochenta) y cuatro-veces-veinte-y-diez[***] (noventa).

Desde el punto de vista de lo transgeneracional y la transmisión de la compulsión de repetición, nos parece que podríamos plantear la hipótesis de un trauma de este tipo («inaceptable», no aceptado y «no digerido»), como fue el horror por la muerte de Luis XVI el 26 de enero de 1793 (un «parricidio» y un sacrilegio para la Iglesia y los católicos, como el reemplazo de Dios por la diosa Razón) y el terror de la Revolución, cuando se produjo un movimiento de rechazo colectivo, o casi colectivo, de supervivientes traumatizados frente a lo que podríamos denominar acontecimientos traumáticos. Hemos visto manifestaciones de esto con la protesta de la juventud dorada en el movimiento de los Increíbles y las Maravillosas,[****] que

---

[*]   N. de la T.: Traducción literal de *setenta* en francés.
[**] N. de la T.: Traducción literal de *ochenta* en francés.
[***] N. de la T.: Traducción literal de *noventa* en francés.
[****] N. de la T.: Miembros de una subcultura de moda aristocrática en el París de la época del Directorio (1795-1799). Como catarsis o en una necesidad de volver a conectar con otros supervivientes del

llegaron a negarse a pronunciar la letra *r** (por la *r* de Revolución) durante los períodos del Directorio y el Consulado.**

Desde un enfoque psico-histórico-lingüístico y arqueológico-analítico, sería quizás interesante establecer una hipótesis transgeneracional que proponga que el uso del doble sistema de contabilidad que se generalizó en el francés estándar con doble referencial, decimal hasta el 69 y vigesimal hasta el 99, yuxtaponiendo por tanto ambos sistemas en uso en una Francia todavía mal unificada antes de la Revolución, y utilizados (por separado, uno u otro) según las regiones o provincias, fue en reacción a la época del Terror.

Tras el golpe de estado del 18 de brumario del año VIII (9 de noviembre de 1799), el decreto del 2 de termidor (20 de julio de 1794), que hacía obligatorio registrar todos los actos públicos en francés unificado, y el código civil (1804), hubo una uniformización del lenguaje escolar y del de los actos administrativos. Bajo el centralismo burocrático bonapartista, con la implementación de un sistema unificado de educación (bajo la supervisión de prefectos instaurados por Bonaparte en 1800), el sistema doble, decimal y vigesimal, fue impuesto en la enseñanza y en todos los documentos oficiales, lo que otorgó a los

---

reinado del Terror, recibieron al nuevo régimen con un brote de lujo. Crearon tendencias de moda en ropa y actitudes que hoy pueden parecer exageradas, afectadas o incluso decadentes.

* N. de la T.: *Incoyables* y *Meveilleuses* en francés.

** N. de la T.: Período instaurado tras la caída del Directorio (1799), en el que se estableció un poder ejecutivo integrado por tres cónsules y que terminó en 1804 con el comienzo del Imperio napoleónico.

franceses una «rareza» lingüística inexplicada por los lingüistas e historiadores.

Los franceses son en efecto los únicos en tener este doble enunciado en la enumeración, mientras que sus vecinos belgas y suizos hablan de forma decimal continua y dicen *nonante* ('noventa').

¿Por qué esta rareza del francés estándar, justo en el cambio de siglo al XIX y después de la reacción de rechazo al período del Terror, de tanta sangre derramada y del «asesinato del padre»*?

¿No será por una reivindicación de una «excepción francesa», que acepta tácitamente la rebeldía y la protesta pero no apoya los comportamientos revolucionarios extremos, superada por el desvío sangriento del Terror? ¿Por conservadurismo y renovación religiosa, enlazando con Vaugelas** y la Francia tradicional? (El retorno al conservadurismo, al Imperio tras el Consulado y la Revolución y después a la monarquía, es un hecho, al igual que la división de Francia en dos, visible en todas las elecciones desde entonces, durante dos siglos). ¿O acaso por división, disgusto, trauma por duelos no resueltos y venganza? ¿Primacía de la «Francia originaria» (la Galia mítica, de Vercingétorix, de los galos y los celtas) sobre la «Francia original» (la de la Revolución)?

---

* N. de la E.: Luis XVI, pero también en referencia a la idea freudiana de «matar al padre». Según Freud, el deseo de matar al padre, además de ser parte del complejo edípico, es una necesidad psicológica, una condición *sine qua non*, para la madurez y la autonomía.
** N. de la T.: Claude Favre de Vaugelas (1585-1650), gramático y uno de los primeros miembros de la Academia Francesa.

Sin ir tan lejos, puede que se trate de una «evitación postraumática», rastro de una «exudación» y de una «fuga inconsciente» (*leakage*) de un grave trauma, de manera que nunca más se tenga que pronunciar o escuchar el sonido del «año terrible»: 1793 (noventa y tres[*]), estableciendo de paso una conexión inconsciente con «nuestros ancestros los galos» y su sistema vigesimal, al reintroducirlo en el lenguaje legal y de las cancillerías.

Esta hipótesis explicaría para nosotros lo que vemos en nuestro trabajo en lo relativo a lo transgeneracional familiar y los problemas ligados tanto a secretos de familia como a ciertos traumas de padres y abuelos, como los gases de Verdún[**] (1916), la masacre de Sedán[***] (1870) y la muerte de Luis XVI guillotinado, sucesos por los que aún sufren muchos de nuestros consultantes en este siglo XXI, que mejoran tras trabajar el trauma a la vez ancestral, histórico y familiar.

Durante la terrible masacre de Sedán, el 1 de septiembre de 1870, hombres y caballos moribundos sirvieron de «calzada» para hacer posible el paso de cañones. Los gritos y gemidos eran tan fuertes que Napoleón III se presentó ante los prusianos de Bismarck para que cesaran los combates. Ese día en el que «perdimos la Alsacia y

---

[*]   N. de la T.: Que daría *nonante-trois* en francés.
[**]   N. de la T.: Importante batalla de la Primera Guerra Mundial en la que se utilizaron unos gases extremadamente tóxicos.
[***] N. de la T.: Importante batalla que tuvo lugar durante la guerra franco-prusiana y en la que murieron unos tres mil soldados franceses, a los que se suman cerca de catorce mil heridos y casi veintiún mil desaparecidos.

la Lorena» se convirtió en fiesta nacional al otro lado del Rin, el Sedan Tag.

Este acontecimiento traumático fue tan silenciado en Francia que la línea Maginot* terminaba justo antes de Sedán, lo que permitió que los alemanes pudieran pasar por el «agujerito de Sedán» en 1940 (a causa de un pequeño olvido...).

Tomemos un último ejemplo histórico que ilustra bien el peso del sufrimiento vivido por padres, abuelos y otros antepasados, y que se transmite de generación en generación.

Aún hoy en día, muchos descendientes de combatientes de Ypres** y Verdún, que fueron heridos o asesinados por gas mostaza (iperita), sufren de trastornos diversos (pesadillas y trastornos de la zona bucofaríngea u otro tipo de enfermedades, a menudo respiratorias) y se curan cuando vienen a consulta y los ayudamos a ver la causa primigenia, el trauma familiar de antaño. Acaban llorando y enterrando a los muertos, rindiéndoles homenaje y devolviendo a quien corresponde lo que no les pertenece, dejando pues a los muertos, a los responsables, sus síntomas.

La imitación de síntomas por «lealtad invisible» y familiar y el síndrome del aniversario han sido demostrados

---

* N. de la T.: Línea de fortificaciones construida por Francia de 1928 a 1940 a lo largo de su frontera con Bélgica, Luxemburgo, Alemania, Suiza e Italia.

** N. de la T.: Ciudad donde tuvo lugar la última larga batalla del primer año de la Primera Guerra Mundial (1914), también llamada batalla de Flandes.

estadísticamente –con estadísiticas especialmente significativas entre madres e hijas– por la doctora y psicóloga estadounidense Joséphine Hilgard en casos de psicosis en adultos, pero nosotros, médicos y psicólogos clínicos graduados en la universidad y terapeutas certificados, vemos muchos casos clínicos en otros campos, en varios países de Europa y del resto del mundo.

La huella de las alteraciones naturales en nuestro cerebro reptiliano

De esos cataclismos que han provocado la desaparción de ciertas especies, vemos a veces las huellas en los descendientes –por milagro o mutación– de los pocos supervivientes traducidas en pesadillas de desapariciones, caídas y angustias existenciales.

A veces las encontramos en la angustia sin palabras, y con razón, de bebés que han sufrido un trauma al nacer. Ya sea por una sensación de ahogo o de opresión en el momento del pasaje hacia la vida, o porque hayan sufrido *in utero* una angustia de muerte causada por la culpa, la tristeza o la angustia de la madre, o tras un aborto quirúrgico, espontáneo o muerte de un hijo, a causa del estrecho vínculo que une a la madre y al hijo que lleva en su vientre.

El Génesis menciona una situación de «fin del mundo» en el episodio del arca de Noé. De este modo los mitos nos recuerdan que una catástrofe siempre es probable y que «la ira de los dioses», o su capricho imprevisto e incomprensible, puede engullirnos en todo momento.

Al igual que el Diluvio, el tsunami de diciembre de 2004 sacudió nuestras mentes con horror por la intrusión repentina de lo inimaginable: el fin del mundo que conocemos, la desaparición de quienes nos importan y de aquello a lo que estamos apegados.

Podemos recordar aquí el título de la obra profética de J. L. Moreno: *Who Shall Survive* [¿Quienes sobrevivirán?], publicada en 1934, justo después de la toma de poder de Hitler en Alemania, o la obra de Alvin Toffler *El shock del futuro*. Ambos hacen una pregunta de total actualidad en el siglo XXI: ¿cómo sobrevivir ante cambios tan bruscos como para que nuestro cerebro los integre?

En efecto, ecologistas y ciertos expertos nos alertan de que estamos destruyendo el planeta: la protección verde (los bosques), la protección azul (los océanos) y nuestra propia protección contra las quemaduras del sol (por la reducción de la capa de ozono) están en peligro; de hecho, los astronautas lo corroboran...

Si continuamos sobrepasando el límite de lo soportable para nuestro entorno, necesitaremos tal vez desaparecer, o en todo caso aprender a afrontar catástrofes de la talla del Diluvio o de un tsunami. Esto despierta sin duda viejos recuerdos ocultos en nuestro «cerebro reptiliano», que alberga las huellas del fin de una época (la desaparición de los dinosaurios) y de aquello que «nuestros ancestros reptiles» tuvieron tal vez que afrontar, catástrofes y cambios en el mundo.

Un esrilanqués llamado Uno es trasladado de urgencia en un avión sanitario para ser tratado en París junto con otros rescatados del tsunami. Llega desde Sri Lanka (antiguamente isla de Ceilán y todavía más antiguamente reino de Serendip) hasta París a finales de diciembre (¡¡¡pero en qué estado de *shock* y de estupor!!!).

Está en *shock* por haber visto su casa volar por los aires y pulverizarse, con sus padres dentro.

Todavía no sabe si está teniendo una pesadilla, si está delirando, en quién o en qué creer. No logra afrontar la realidad... Increíble, imposible, inconcebible. Está como ido: «Paloma vuela, pez vuela, casa vuela»... El mundo al revés, sin pies ni cabeza, como una pesadilla de la que uno espera despertar; por el momento al menos no hay pensamientos elaborados.

Sus padres no han tenido ni siquiera la suerte de toparse con los elefantes que, huyendo al galope tras romper las cadenas que los ataban, montaban a personas en su lomo de manera espontánea y salían corriendo hacia la montaña, salvándolas de aquella catástrofe. Estos animales sintieron algo en su cuerpo y se sirvieron de su sexto sentido; hicieron lo que su instinto les ordenaba hacer y encontraron el doble de fuerza para llevarlo a cabo. Los humanos por su parte no fueron alertados por su instinto de que algo anormal se acercaba...

Nos podríamos preguntar, y de hecho lo hacemos, qué sucede en nuestra civilización para que hayamos perdido hasta ese punto todo contacto con el mundo de la realidad exterior... Hemos perdido incluso el instinto de las ratas que abandonan un barco condenado a la perdición, de los elefantes que sintieron los cambios atmosféricos y telúricos que precedieron al tsunami; y ya no somos capaces ni de presentir una mirada hostil o que nos espía por detrás, y por lo tanto de prever un posible o inminente ataque.

Sin embargo, los amerindios lo siguen sintiendo, como es el caso de muchos cazadores, de japoneses que practican artes marciales o de numerosas personas que hacen yoga en Europa: podemos volver a enseñar a las personas civilizadas que somos capaces de presentir un obstáculo con los ojos cerrados, una mirada que nos escudriña o un arma que nos apunta a nuestras espaldas.

La doble herencia paterna y materna

He aquí un ejemplo de intensa cólera, de furia ciega en forma de marejada: la crisis de ira reprimida de un recién nacido que se siente abandonado al nacer y que resurge en la adolescencia.

El joven Jean grita, se lo oye por todos los pasillos y escaleras del tranquilo edificio en el que viven, para gran asombro de los discretos vecinos, que no entienden lo que pasa. Le está chillando a su abuela (materna): su padre se ha llevado otra vez sus calcetines nuevos, los suyos, para salir «a pasear» (ya tienen la misma talla de calzado).

Su padre (parisino, ejecutivo, nacido a las afueras de París) a menudo utiliza los calcetines de sus hijos, incluso los de los más pequeños, esos en los que el talón se queda en mitad del pie... Pero le da igual, se los pone y se va...

El otro día se agarraron por el cuello (Jean es ya más alto que su padre, que ya de por sí es bastante alto). Es una familia en la que no se habla de nada, y aún menos del pasado, incluyendo el pasado más lejano, lo que explicaría quizás muchas cosas, pero tampoco se habla del presente ni de sentimientos.

En este caso clínico, podemos hacer hipótesis, como en arqueología, reconstruyendo fragmentos de la historia familiar que fueron probables, a partir del contexto de vida ubicado en un conjunto de hechos históricos bien conocidos.

Si se mira de cerca, en un pasado familiar no tan lejano, del cual el padre de Jean se niega a saber cualquier cosa, había gente pobre, muy pobre, para los que un par de calcetines era un bien escaso, indispensable para la supervivencia.

El padre de Jean, muy francés por parte de madre, tiene sin embargo un padre originario de Europa central. Podríamos pensar que lleva dentro de él traumas por partida doble, los de la larga marcha de la Gran Armada[*] (del lado de su madre) durante el retiro por los campos de Rusia en 1812 o los de la batalla de Stalingrado[**] (por parte de su padre) en 1942 (él aún no había nacido en 1942).

Pero también quizás a causa de otras batallas, situaciones de supervivencia, caminatas forzadas («camina o muere») en la Europa devastada de la posguerra por ejemplo...

---

[*] N. de la T.: La Gran Armada de Napoleón fue famosa por su velocidad y resistencia, ya que a menudo recorría más de cuarenta kilómetros al día.

[**] N. de la T.: Intenso enfrentamiento bélico entre el Ejército Rojo de la Unión Soviética y las Fuerzas Armadas de la Alemania nazi y sus aliados.

No obstante, de todo eso su abuela no tiene ninguna culpa...

Cuando durante su crisis de ira Jean culpa a su abuela de todos sus males, y de «haberle hecho la vida imposible desde siempre», ella se queda sin respiración; se siente herida, profundamente traumatizada, negada en la esencia de su ser por la «carne de su carne», el hijo de su hija. No, ella no tiene culpa de nada...

Pero ¿es del todo cierto?

Si miramos más detenidamente, vemos las dificultades que atravesaron cuando Jean, el segundo hijo, nació. Ni él ni su madre hubieran sobrevivido sin los avances de la medicina moderna ya que había entre ellos una incompatibilidad sanguínea.

Jean por tanto necesitó una incubadora desde que nació, y tuvieron que trasladarlo a otro hospital, al que su padre le llevaba cada día un biberón de leche materna, para que bebiera la leche todavía caliente de su madre. Y además, una vez al día, su madre salía de su cama de hospital en camisón, iba en coche, abría la incubadora y le daba el pecho «en persona» a pesar de todo...

La conexión con la abuela materna puede parecer clara en lo relativo a ese sentimiento, justificado, de ira no expresada de un recién nacido separado de su madre y trasladado debido a las circunstancias médicas: su experiencia inefable tal vez sea la experiencia de un arrebatamiento injusto que lo priva de calor humano...

Por consiguiente, si se puede decir, es a la madre de su madre a quien guarda rencor en cierto modo por el hecho de que tanto el embarazo como el parto fueron difíciles y tuvo que ser hospitalizado desde que nació.

No le va demasiado mal y tiene una vida escolar normal. Pero Jean sigue siendo a veces un «oso mal lamido», como suelen ser los pequeños animales separados demasiado pronto de sus madres y que se mueren o sobreviven como pueden, pues la madre ya no los siente como suyos porque han perdido su olor (este no es el caso de Jean: su vínculo con su madre es fuerte y recíproco).

A menudo, las gatas dejan morir por falta de cuidados al pequeño gatito que ha sido acariciado por los niños y luego devuelto a ellas..., como es el caso de muchos otros animales.

En Francia lo hemos constatado gracias a un trabajo de dos años de supervisión de familias maltratadoras que maltratan a un solo niño..., aquel que ha sido separado de su madre al nacer (por hospitalización de la madre o del niño). Esta separación corta efectivamente el «vínculo animal» de afecto, de «oler y sentir» el pecho y del acto de «lamer» que une a la madre con su hijo (es lo que la psicopedagoga Ada Abraham llama el «co-yo» de la entidad madre-hijo).

Otro caso es el de la doble herencia, diferente del recuerdo traumático sentido en el envoltorio corporal (legado paterno) y de la herencia euforizante en el interior del cuerpo relacionada con el calor (legado materno).

Assia es una pequeña anciana toda encorvada, de cabello blanco, que nunca llamaría la atención y que tomaríamos por cualquier persona normal y corriente, salvo por sus preciosos ojos azules que son tan vivos que la gente la compara con la señorita Marple, de Agatha Christie, quien siempre observaba y escudriñaba todo lo que sucedía en su pueblito.

Assia bebe su té a la manera rusa, siempre casi hirviendo, «como si las burbujas de la cocción estuvieran a punto de aparecer en el agua de la taza», como decía su querido abuelo, que bebía su té como un hombre, en vaso, rodeado de un portavasos de plata con sus iniciales grabadas.

Sin embargo, Assia no soporta sentir el agua caliente en sus manos, en su piel. Una enfermera que viene a lavarla, porque ella ya no puede hacerlo sola, la encuentra «remilgada» y se sorprende.

Ella reflexiona sobre esto, que plantea una incongruencia y una disonancia aparentes. Le viene inmediatamente a la memoria lo que contaba su padre sobre su lejana infancia. Su padre, mucho mayor que su madre, había nacido en 1880 y perdió a su hermana tres años menor cuando él era ya casi adulto, probablemente hacia 1898.

La niña se había abrasado viva al abrir jugando la portezuela de una cocina de carbón. Ocurrió en una vieja casa, en un pequeño pueblo de los confines de una provincia a finales del siglo XIX. La cocinera estaba muy ocupada preparando la comida.

La familia probablemente no hizo nunca el duelo y este le fue *legado* por «lealtad familiar invisible e inconsciente». Tradicionalmente, tanto el calor como el calor extremo en la piel son mortales para su familia paterna, traumatizada por ese horrible accidente. Que su padre viera a la niña tras el accidente o simplemente supiera lo que pasó hizo que comprendiera y compartiera el dolor y la culpa de su madre, que delegaba muchas de las tareas domésticas y familiares para ayudar a su marido en su tienda, y estaba pues, como de costumbre, ausente de la cocina cuando todo sucedió nadie estaba vigilando a la niña.

A diferencia del calor sobre el cuerpo, traumatizante para su familia paterna, el beber algo muy caliente y casi hirviendo es un placer tradicional y una costumbre para su familia materna. Existe pues una doble herencia psicosomática, contradictoria y represiva, en lo relativo al calor interno (agradable para beber por parte de su abuelo materno) y en el caso del calor sobre la piel (intolerable para su familia paterna). Se da una reacción de estrés postraumático heredada, un sufrimiento actual a causa de un duelo no realizado por parte de los abuelos paternos en su momento.

Se sufre de lo que sucedió en otro tiempo de muchas maneras: los niños *enfermos de sus padres* tienen motivos de sufrimiento (pasados) muy diferentes. No se trata aquí ni de abusos de poder ni de abusos sexuales, sino simplemente de un drama terrible y culpabilizante cuyo duelo no se hizo en su momento: una madre se culpa por trabajar fuera de casa con su marido y no haber podido evitar que su hija muriera accidentalmente.

Cada uno vive los duelos y las pérdidas a su manera, única y personal, aun cuando existe una óptica cultural en su «ecosistema» sociológico, acorde a su época.

Ya sea personal o a través de varias generaciones, la vivencia de los duelos y todo tipo de pérdidas difiere de una persona a otra.

Lo que causa mayor sufrimiento a uno de nosotros dos, que trabaja con lo transgeneracional desde hace años (aunque también se puede aplicar al otro), son los dramas, pérdidas y duelos no realizados por su familia desde hace generaciones...

Una tarea inacabada que aun así ha de hacer por sus padres o incluso bisabuelos para liberarse a sí mismo y también para liberar a sus propios hijos, nacidos o por nacer.

Ser humano es, entre otras cosas, saber llorar y enterrar a tus muertos, saber llorar y enterrar todas las pérdidas de ahora y de antaño..., incluso de tiempos muy, muy lejanos...

El trauma cuádruple de un niño ligado a las vivencias y traumas de sus padres

El caso que describiremos a continuación es un buen ejemplo de los estragos que causan en los hijos los traumas no resueltos de los padres.

Los huérfanos no siempre saben concebir cómo ser padres...

Tanto el padre como la madre de Caro son huérfanos de madre; ella nace cuando ambos progenitores tienen justo la misma edad que sendas madres cuando fallecieron. Y... ella guarda un sorprendente parecido con aquella abuela materna que murió tan joven.

Además, ella es más brillante que su hermano mayor, que fracasa en todo lo que hace pero al que su padre apoya de forma incondicional porque es «el primogénito»...

Para terminar, Caro es la cuarta hija cuando en realidad se esperaba que fuera un niño (su padre esperaba con impaciencia otro hijo): ella se convirtió por tanto en un verdadero «chicazo» que trepaba árboles y rocas y practicaba mucho deporte. Activa y combativa, tiene voluntad y siempre busca superarse para satisfacer a su padre.

Caro tiene mucho talento y siente gran admiración por su padre, quien, aunque tiene un oficio banal, práctica con éxito deporte de competición. A ella le gustaría ser profesora diplomada de educación física y deportiva, y presentarse a los exámenes de acceso a los UREPS.[*]

El año en el que cumple doce años, poco antes de Navidad y de irse de vacaciones a una isla, está patinando sobre hielo con sus amigas y, aun cuando no es más que una principiante, intenta hacerlo mejor que ellas. Se cae y se hace daño. Su padre, exigente y con prisa, la lleva a un amigo que es médico y que los recibe entre dos pacientes, la examina rápidamente, le da una palmadita, le dice que «no es nada» y la manda a su casa tal cual.

Ella se pasa todas las vacaciones cojeando, aguantando el dolor y actuando delante de su familia como si no pasara nada.

Pero como le sigue doliendo y se nota, al regresar su padre la lleva de nuevo a su amigo médico de familia,

---

[*] N. de la T.: Actualmente llamados CREPS (Centre de Ressources d'Expertise et de Performance Sportive), son centros de estudios para la formación de profesores de Educación Física en Francia.

que los recibe una vez más entre dos pacientes y le repite: «Como ya dije, no es nada».

Caro continúa con su vida cotidiana, cayéndose a menudo y en cualquier lugar.

Años más tarde, en una escuela de profesores de educación física, se cae de nuevo. Pero esta vez, tras un examen serio y completo, se dan cuenta de que la rodilla que no se curó se ha necrosado.

Es el fin de su carrera de profesora de educación física y como funcionaria.

De oficio en oficio, elegirá ser fisioterapeuta y a partir de ahí hacer una especialidad que le guste, pero sigue cayéndose y haciéndose daño.

Nunca tendrá la seguridad económica ni la reputación social que un puesto de profesor del estado le hubiera procurado.

Se casa, tiene hijos. Es feliz y se siente satisfecha, su vida le gusta («no le queda más remedio»). Pero fijándose bien, se percibe una angustia de niña en su mirada y se la nota preocupada.

La arrogancia masculina de su padre, que «se las daba de listo», y de su amigo médico le han salido caras. Estaban tan seguros de sí mismos que ni siquiera sabían que no sabían.

Una de las formas de comportamiento más peligrosas del mundo es la de no saber distinguir las creencias personales de un verdadero conocimiento: «*how do you know that you know?*» ['¿cómo sabes que sabes?']. ¿Cómo saber que sabemos algo realmente si no nos hacemos la pregunta? Es uno de los rasgos de la verdadera inteligencia y de la verdadera cultura: saber reconocer los límites de los conocimientos propios y aceptar que la ciencia evoluciona y que, por tanto, no conocemos nada sobre multitud de ámbitos.

Y de hecho, cuando Caro viene a consulta, la historia se revela mucho más compleja.

La miramos mientras camina y, efectivamente, roza el suelo y apenas puede mantenerse en pie, sin *grounding*, es decir, sin una relación real con la tierra (la palabra *enraizamiento* para traducir *grounding* no describe bien este fenómeno, que los especialistas estadounidenses del cuerpo y la bioenergía llaman *round heel*, que se podría traducir por 'tacones redondos'). Esto da a los demás (y quizás a uno mismo) una apariencia de solidez, pero a pesar de su apariencia deportiva, estas supuestas sólidas rocas no se mantienen en pie y, al más mínimo toque, caen al suelo como bolos.

Le proponemos por tanto uno de los ejercicios básicos del método Feldenkrais* (uno de nosotros ha seguido la enseñanza de Moshe Feldenkrais durante años, en Estados Unidos y en Francia). Es el ejercicio de caminar desde la fase reptiliana hasta la humana, o «volver a empezar desde el principio», como un reptil que se pone de pie o un bebé que gatea por el suelo, ponerse a cuatro patas y después ponerse de pie de manera dubitativa para dar sus primeros pasos. Se trata de un ejercicio que se realiza entre dos personas que representan simbólicamente

---

* N. de la T.: Enfoque corporal holístico basado en la toma de conciencia a través del movimiento.

a «papá» y a «mamá», a partir de un gateo que «toma el tiempo que sea necesario».

Desde un punto de vista clínico, es apasionante observar lo que ocurre.

Caro no tiene suerte, si se puede decir así, puesto que la persona que hace de «mamá» no es tan acogedora como ella hubiera deseado y el que hace de «papá» es decididamente un poco de más en todo. Se trata de Emilio, un sudamericano que ha venido a trabajar con uno de nosotros esa semana y que cree saber francés, aunque en realidad habla bastante peor de lo que comprende.

Le agarra la cabeza para acercársela a la suya y le dice: «Puesto que te apoyas en mí, te doy mi energía».

En realidad, él la toma, la sostiene firmemente contra él y ni siquiera siente su ligero retroceso ni la resistencia pasiva (ella lo mencionará más tarde). Sus manos posesivas la retienen, como si nada, e impiden que regrese hacia la «madre»...

Todo termina bien: al final del ejercicio, Caro tiene de todos modos otro caminar, más seguro, más firme; otra respiración, más profunda, y sus ojos han perdido parte de su angustia subyacente. Es lo que nos confirma en los días siguientes: durante la siguiente caminata, no se cae.

Todo terminará muy bien, clínicamente hablando, porque la regla formal y real que nosotros aplicamos es el postulado —necesario para un ambiente sin juicios y por lo tanto para trabajar en confianza— de que cada uno hace lo mejor que puede y hace lo que puede (incluso aunque no sea exactamente lo que se le pedía). Hablaremos de todo a continuación, en un análisis de las experiencias de cada uno.

Pero, efectivamente, su vida y sus dificultades se explican de manera más compleja: la rodilla necrosada a causa de la atención insuficiente de sus padres... La identificación con la abuela fallecida... La ausencia de seguridad de base, no solo en lo que respecta a aprender a andar, sino también relacionada con la falta de *holding* ('contención') desde el principio.

La madre interior, invasiva y asfixiante, incluso para hijos adultos ya casados

La madre que menosprecia

Clémentine sufre mucho durante su infancia a causa de su madre. Es su chivo expiatorio. Nadie se da cuenta de que la niña es medio sorda, y se la regañaba tanto en casa como en el colegio pues todo el mundo, por equivocación, la cree estúpida cuando en realidad simplemente no oye. (Podríamos por otro lado preguntarnos si no existe aquí una reacción un tanto psicosomática ante el hecho de no oír el acoso materno y los gritos).

La madre es una mujer enérgica que trata a todo el mundo despectivamente, siempre marcando la superioridad social y financiera que cree tener; gritando, regañando, pellizcando las mejillas y las orejas de los niños e incluso de los adultos a los que domina.

Clémentine, como otros de sus hijos, termina yéndose y, como los demás, se casa en contra de la voluntad de su madre.

Pero en los momentos en los que no encuentra total aprobación, regaña a su vez a aquellos que dependen de ella y, a pesar de su corazón de oro, repite las palabras, el tono regañón y brusco y los gestos de su madre. Hace sufrir por tanto a parte de su entorno, y a pesar de su amabilidad y de ser profundamente servicial, nadie se atreve a decirle nada.

Sus hijas a su vez tampoco logran tener éxito social ni económico en su vida adulta.

Clémentine lo paga muy caro en su vida conyugal, pero esa es otra historia de la que no hablaremos aquí...

Como muchos otros, al querer liberarse, Clémentine ha hecho lo mismo por imitación involuntaria, lo cual es también una manera de reproducir su infancia desdichada y continuar siendo esclava de ella.

Sin embargo, se podría escoger una tercera opción, que es la de trabajar en ella misma con el fin de elegir lo que desea y ser finalmente libre en sus decisiones, libre de las huellas automáticas de su educación, de los juicios y prejuicios de su entorno, y de los traumas recurrentes de sus antepasados.

«UNA PEONZA QUE NO DEJA DE DAR VUELTAS EN LA CABEZA»

La historia de Emilio es bastante particular y su caso es anecdótico y casi hasta «gracioso» por la lección de realidad que la vida le infligió...

Emilio es sudamericano, muy latino[*] y ladino,[**] un hombre pequeño, sonriente y con un gran sombrero (pero sin puro).

---

[*]   N. de la T.: En castellano en el original.
[**]   N. de la T.: En castellano en el original.

Está de viaje de negocios en Europa, va cargado de equipaje, y ha comprado de paso en una capital extranjera muchísimos libros. Ha decidido enviarlos desde allí de forma urgente por correo a España junto con el material que necesita para dar una conferencia, diez días más tarde, en su camino de regreso a América Latina.

Durante los dos talleres en los que participa, por elección, uno tras otro, varios participantes se quejan de que sus intervenciones no tienen ni pies ni cabeza, pero ha rechazado el ofrecimiento de uno de ellos, que habla castellano y que sugiere traducir lo que dice durante el taller.

La presencia de este hispano en el grupo es una «coincidencia», o más bien un ejemplo de «sincronicidad», frecuente en este tipo de trabajo en el que «encontramos por pura suerte aquello que necesitamos y que no creíamos necesitar, o incluso ni siquiera buscábamos».

Pero Emilio se niega categóricamente, tan seguro está de su francés, que supuestamente aprendió en un curso acelerado al que asistió en su país justo antes de irse y después en Francia, y sigue afirmando que lo entiende todo.

Pero en el último momento, como siempre, estando casi ya «en el quicio de la puerta», se preocupa y pregunta por teléfono por su paquete, que necesita para el día siguiente, y se entera angustiado de que no ha llegado a su hotel de Barcelona.

Al tratar de ayudarlo a encontrar el resguardo del correo, aclaramos un gran malentendido lingüístico ocasionado por su mal francés: en lugar de enviar su paquete por el medio más rápido que existe en nuestro país, que él no conoce, lo ha enviado por paquete terrestre, cuya fecha de entrega no está garantizada...

Por lo tanto, aparece la ansiedad... Al final, le recomendamos que vaya al día siguiente en persona al mostrador y que se las arregle con el empleado para que localice su paquete.

Pero el último día con nosotros está preocupado porque aún no sabe si está todo arreglado.

Y esta vez, la ansiedad de la realidad finalmente lo obliga a «trabajar de verdad» y no solo jugar a las «visitas al museo», como tan bellamente lo describe Alvin Toffler* en *El shock del futuro*, es decir, no traer a terapia más que su cuerpo, su tiempo y su dinero, pero no su verdadero yo. A la pregunta: «¿Quién sabía siempre todo mejor que todos los demás sin verificarlo nunca?», la respuesta de Emilio surge fulgurante: «Mi madre, por supuesto, su cabeza era como una peonza [sic] que giraba sin parar»... Finalmente surgen las lágrimas, lágrimas de verdad y un grito verdadero que le sale del corazón, fuerte...

Le proponemos el ejercicio (clásico para nosotros) de sacar de él todo aquello que no le pertenece, devolverlo, tirarlo «a la basura»: «sacamos de nosotros», como podemos, lo que no es nuestro y nos molesta. Nos lo arrancamos del cuerpo, se lo devolvemos a quien le pertenezca (en este caso su madre) y después lo tiramos (para no cargárselo al otro). Lo tiramos, pues, simbólicamente (aunque haciendo el gesto con el brazo, implicándonos

---

* N. de la T.: Escritor, sociólogo y futurólogo estadounidense (1928-2016).

de manera psicocorpórea) por la ventana abierta (o que abrimos para la ocasión) o por el balcón...

Uf, ya está, terminado, nos hemos quitado la herropea, hemos tirado al fin la pesada maleta que acarreábamos sobre los hombros desde siempre...

A continuación, el «sujeto que trabaja» o, como decimos en psicodrama, el «protagonista», entra en la habitación en la que estamos trabajando y dice lo que desea compartir (o nada en absoluto).

Y nadie tiene derecho a preguntarle nada ni hacer ningún comentario, ni durante la sesión en grupo ni al salir o en cualquier otra parte, nada de nada ese día, ninguna pregunta, ningún comentario. Hay que respetar lo que la persona ha vivido y el trabajo que se opera en su interior, y no contaminarla con preguntas (que le harían cambiar de hemisferio del cerebro) ni hacer comentarios (para evitar proyectarse en el otro). La persona permanece consigo misma, con lo que ha adquirido y el trabajo que se ha operado o se está operando en ella...

EL HERMANO Y LA HERMANA ENFERMOS DE SU MADRE

He aquí el caso de un hermano y una hermana enfermos de su madre, quien se apropió de la muerte de su marido sin asumirla y que además vivió una infancia traumatizada al intuir demasiados abortos y muertes infantiles en su entorno.

Dominique intenta sobrevivir a un tumor cerebral muy grave, un glioma, que surgió justo diez años después de la muerte de su padre, Paul, quien no pudo morir en sus brazos, algo que la hija devota, que además es doctora, se reprocha amargamente, aunque no sea culpa suya.

Su padre muere en el hospital de un cáncer que hizo metástasis en el cerebro y su madre, «por su bien», decide no despertarla para despedirse de su padre moribundo.

La madre no quiere renunciar a su «turno de guardia», y el padre muere solo mientras su mujer duerme profundamente en la misma habitación en una cama plegable.

A la hija se la «llevan los demonios», como se suele decir. Ella y su hermano duermen a tan solo cinco metros. Pero la madre siempre tuvo celos del amor del padre por sus hijos, sobre todo por su hija mayor. Al hijo «se le desencadena una enfermedad gravísima» el día del cumpleaños de su padre...

Tanto uno como otro están trabajando el problema y por fin están mejorando.

El hijo sale del hospital y comienza de nuevo a trabajar.

La hija, Dominique, sobrevive a pesar de que la supervivencia era improbable, considerada incluso imposible por la medicina convencional; según la «curva de Gauss» de predicciones médicas, le habían dado tres meses de vida como máximo.

Dos años después de descubrirle el glioma (la forma más agresiva de tumor cerebral) ella sigue viva y, entre dos operaciones quirúrgicas, renace: practica esquí, conduce su coche, baila, esculpe y toca música con sus amigos. Va a sesiones de psicología transgeneracional, elabora su árbol genealógico, y hace su «genosociograma» sobre seis generaciones de montañeses, investigando por teléfono cuando está en el hospital y a veces en persona.

De esta forma comparte sus problemas, su angustia sobre la muerte, el miedo a vivir disminuida y las sensaciones que le produce la angustia que percibe por parte del equipo médico que la atiende en un hospital universitario muy bueno, de renombre, y que, creyendo en la ciencia y tomando al pie de la letra las estadísticas sin comprender los matices, no cree en su posible supervivencia.

Le proponemos simbolizar la «curva de Gauss» mediante un dibujo y su enfermedad mediante una escultura.

Dibuja un precioso caracol (desplazándose a su ritmo, con su casita en la espalda) y hace la escultura de una mujer sosteniéndose la cabeza ovalada entre los brazos (representación que coincide de tal manera con la imagen médica de su glioma que resulta alucinante) justo antes de la operación quirúrgica, en Navidad.

Porque elige pasar la Navidad en la unidad de cuidados intensivos por una operación a cráneo abierto, que no es indispensable en ese momento, antes que tener que enfrentarse a su madre, siempre insatisfecha con ella, para la «comida de Navidad en familia», que la madre «exige como algo natural».

Un alejamiento socialmente aceptable, pero un poco drástico...

Ante esos rarísimos casos de supervivencia en contra de las estadísticas, a menudo la familia y el entorno se dejan llevar e inconscientemente, sin quererlo, provocan aquello que temían. Mientras que Dominique disfruta de una vida normal lejos de los suyos, las tensiones entre ella y su familia resurgen; una semana más tarde la entierran.

LA RESACA DEL DESPRECIO Y LA IRA

Tomemos otro ejemplo clínico de abuso de poder y de secretos familiares y de sus consecuencias.

Clara es una mujer valiente en todos los sentidos del término: muy amable y medianamente cultivada, fue poco a la escuela, al igual que su marido. Se quieren, son trabajadores y ahorrativos, y viven cómodamente.

Tanto Clara como su marido son fuertes físicamente, son muy hábiles con las manos. Nada se les resiste y saben hacer de todo: han construido incluso su casa, sencilla, práctica, cómoda y llena de flores. Están dotados de una honestidad a prueba de bomba y a menudo prestan servicio a todos.

En principio, todo va bien.

Pero sin ser consciente, Clara ha heredado de su madre maneras bruscas, ligeramente displicentes. Es muy posesiva y autoritaria, le gusta mandar y hacer solo lo que a ella le conviene, bajo el pretexto de ayudar (aunque es verdad que realmente ayuda y tiene buen corazón).

Siempre lo sabe todo y todo lo hace bien.

Así que se vanagloria de toda la ayuda que presta y cita los nombres de aquellos a los que ayuda.

Y, al igual que su madre, comenta las acciones de los demás, da consejos y critica, extensamente y «en voz alta», digamos que no va con pies de plomo. Ella actúa con las mejores intenciones del mundo (su madre es otra cosa, nadie sabe a quién quería realmente aparte de a sí misma).

Un buen día, la hija de Clara vuelve del colegio conmocionada. Una compañera de clase, con la que había tenido una disputa, le había dicho: «No te las des de lista, anda mira, ¿ves a ese [un niño] y esa [una niña de su edad]? Son tu medio hermano y tu media hermana, y además tu hermana tiene la misma edad y se llama igual que tú, mira cómo se parece a ti, no se le escapa a nadie en el colegio».

Conmocionada, la niña corre hasta su casa e intenta que le expliquen y la consuelen, pero tanto su padre como su madre la reprenden, porque no está bien «repetir» los chismes...

Al descubrir la doble vida de su marido, Clara llora, vocifera, pero... no lo abandona, porque lo quiere, y por otro lado no tiene a nadie más ni ningún sitio al que ir. La vida continúa como si nada hubiera pasado, salvo tal vez que Clara regaña aún más a los demás, tal y como hacía su madre, y desarrolla problemas de equilibrio que requieren una operación.

Y la hija, traumatizada y sin querer buscar ayuda, se casa con el primero que aparece con tal de irse de su casa. Se trata de un hombre duro que la hará sufrir..., y la cadena continúa, como una piedra que rueda o el vaivén de las olas...

De hecho, su buen esposo, al igual que muchos maridos de mujeres autoritarias que lo controlan todo, se va a buscar «un pequeño refugio, un pedacito de paraíso» sin decirle nada a nadie, y continúa haciéndolo..., viviendo su vida, al lado o en paralelo, de manera que sus dos vidas nunca se crucen: dos mujeres y dos hogares...

Padres perversos y *huérfanos* de sentimientos de los que huir como de la peste

La gran peste de Occidente (1347) causó tres millones de muertos en cinco años, cifra enorme para la época, más de la mitad de la población europea... El número de víctimas sobrepasa al de la Primera Guerra Mundial, incluyendo todos los países. Los millones de muertos de la Gran Peste podrían compararse a los veintidós millones de muertos de la gripe española de 1918-1922.

En el siglo XXI se sigue hablando de «huir de alguien como de la peste»...

La «horrible peste», convertida en «peste negra» por barbarismo, fue una epidemia tan terrible que nos ha quedado la costumbre, al encontrarnos con alguien, de darnos la mano y preguntar «¿qué tal va?»..., olvidándonos del hecho de que era para verificar que el otro no tenía fiebre, y que la pregunta completa era: «¿Qué tal va usted al baño?». Si la mano no estaba fresca o si la respuesta no era normal, había que «salir volando», huir rápido y lo más lejos posible y volver mucho más tarde, o, como decía el gran médico árabe Avicena, dando el mejor de los consejos: «*cito, longe fugasse et tarde redeas*», es decir 'huye rápido, durante mucho tiempo, y tarda mucho en volver (cuando todo haya acabado)', en latín *Cito, longe, tarde*.

Martine Provis,[*] en su autobiografía *La soupe aux cailloux*[**] [Sopa de guijarros], seguida de *Les chemins de pierre*[***] [Los caminos de piedra], describe cómo sus

---

[*]   N. de la T.: Escritora francesa (1923-).
[**] N. de la T.: No traducido al castellano.
[***] N. de la T.: No traducido al castellano.

padres (biológicos) la arrancaron, a los cuatro años y sin ninguna explicación, de su nodriza, a quien ella llamaba mamá y creía su madre, para que «volviera con su familia», y cómo la hicieron vivir peor de lo que vivió la pequeña Cosette de *Los miserables* de Víctor Hugo en casa de los Thénardier.

Encerrada en el sótano, golpeada, privada de comida, sirviendo como criada cuando los escasos amigos de sus padres iban a casa, privada de escuela, de ropa nueva, maltratada en todos los aspectos, con además la prohibición de quejarse: una infancia horrorosa de la que salió casi analfabeta y totalmente inculta.

Más adelante, tanto ella como sus hermanos y hermanas, todos hijos de esos padres biológicos tan poco responsables, fueron repartidos por diferentes rincones de Francia, de tal manera que ya adultos tuvieron dificultades para encontrar el rastro de los demás. Un verdadero infierno... Sin ninguna explicación ni justificación.

Ella sobrevivió, se ganaba la vida, a veces recibiendo ayuda como por milagro, pero también la estafaron en varias ocasiones. Recordaba la frase de Guy de Maupassant: «¡Oh! El recuerdo... Espejo horrible que hace sufrir todos los tormentos...». Dedicó su libro «a los huérfanos del corazón»...

Existen lamentablemente seres perversos, y tenerlos como padres es la desgracia de algunos niños. Si no desarrollan la resiliencia, su vida será difícil, pero sobrevivirán como puedan.

De igual forma, huir es a veces el mejor consejo en ciertas situaciones graves de abuso familiar; abuso de poder, de situación, de estatus, de fuerza física; abuso sexual con o sin penetración; chantaje emocional...

Huir...

Y ello, independientemente del respeto que se le debe a un padre o una madre en los casos de padres involuntaria o voluntariamente dañinos (padre castigador, madre abusiva), que esclavizan a sus hijos, o a uno de sus hijos, por infantilismo y/o «parentificación», impidiéndoles vivir.

En ciertas situaciones, es necesario efectivamente agarrar el toro por los cuernos y adoptar una medida drástica como es el cortar de raíz: romper los lazos y huir lejos y durante mucho tiempo, en un «sálvese quien pueda» necesario para sobrevivir.

Porque los niños también tienen derecho a vivir su vida, así como los padres vivieron la suya, aunque la vivieran mal: no se puede esclavizar a seres humanos bajo el pretexto de las relaciones familiares y permitir el chantaje emocional: es una condena perpetua para el niño, el adolescente y el adulto... Injusto.

Que cada uno tenga la oportunidad de hacer su vida, cuando le toca, en cada generación...

El padre que devora a sus hijos para vivir existía ya en la leyenda de Cronos. Normalmente, los padres se sacrifican por sus hijos, y no a la inversa.

Ser humano es también perpetuar la especie y por lo tanto sacrificarse si es necesario por el futuro de los hijos.

Lo que vive uno mismo y lo que viven los otros

Rachel Yehouda* realizó en 1995 un notable y destacado estudio sobre los gemelos y demostró, a partir de un estudio inicial sobre la tasa de cortisol, que se sufre más por lo que nos imaginamos que están viviendo otros y por sus sufrimientos que por lo que uno mismo sufre en una situación concreta (por ejemplo, en el frente de una guerra difícil). Recordemos que la secreción de las glándulas suprarrenales se da, entre otras cosas, como defensa contra la agresión y el estrés. Yehouda mide el nivel de cortisol (la hormona corticosuprarrenal) en la orina, que es más alto cuanto mayor es el estrés.

Durante la guerra de Vietnam, el ejército estadounidense decidió que para aliviar un poco a las familias, en el caso de gemelos llamados a filas, solo uno de ellos sería enviado al frente, mientras que el otro se quedaría en Estados Unidos o cerca de allí. Es evidente que con lo que estaba sucediendo en Vietnam, las familias se preocupaban, sobre todo los gemelos que se habían quedado y que sufrían lo indecible de todo corazón al imaginar los horrores que estarían viviendo sus hermanos.

Su nivel de cortisol era muy diferente, lo que quiere decir que el estrés que sufrían era distinto. El gemelo que no estaba en el frente experimentaba mucho más estrés emocional y su nivel de cortisol era mucho más alto que el del hermano que vivía los bombardeos, la angustia real y los horrores y errores de una guerra atroz.

---

* N. de la T.: Profesora israelí de psiquiatría y neurociencias (1959-).

Yehouda demostró por lo tanto que el nivel de cortisol del que imagina el estrés del otro es más alto que el del que soporta peligros reales a los que tiene que hacer frente.

Por muy terrible que fuera el estrés del gemelo que había sido enviado a Vietnam, el estrés emocional era mucho peor para el que se había quedado en su país e imaginaba el sufrimiento de su hermano.

Es probable, por ejemplo, que cuando la marquesa de Sevigné (1670) escribía en sus famosas «Cartas» a su hija Françoise-Marguerite de Grignan (quien sufría de bronquitis): «Me duele tu pecho», quería expresar que el sufrimiento que ella padecía por el sufrimiento de su hija era mucho mayor que el propio sufrimiento de la enferma.

En estudios realizados sobre descendientes de deportados o de resistentes torturados, los hijos y nietos de estos experimentan en ocasiones un estrés significativo y sufren físicamente —por el impacto emocional, por las penurias que imaginan que sufrían sus padres y abuelos—, más que lo que sufrieron los propios deportados o torturados, por muy terribles y atroces que fueran sus sufrimientos, con el hambre, el frío, los golpes, la muerte siempre presente y el horror padecido.

Nos encontramos aquí con un problema conocido que es que, por muy terribles que sean los acontecimientos cuando uno los vive en carne propia, en realidad, sufrirlos y reaccionar ante ellos es «menos malo» que imaginarlos para los demás.

Efectos del psicodrama

He aquí un ejemplo de psicodrama y de doblaje que va a cambiar, por extensión, tanto el curso de la vida real como la experiencia vivida.

Recordemos que nosotros practicamos el psicodrama triádico de grupo o de pequeño grupo en el que sus miembros evocan situaciones familiares o profesionales con la acción y la interacción mediante una puesta en escena terapéutica. Los otros participantes del grupo son quienes desempeñan los roles de las personas mencionadas, basándose en lo que sienten de manera espontánea así como en las indicaciones sobre su entorno dadas por el sujeto que trabaja: su padre o madre, su jefe, el vecino desagradable, el perro agresivo, etc.

Nosotros verificamos de vez en cuando que están bien alineados con la persona o el personaje descrito para evitar embarcar al protagonista en proyecciones ajenas.

Recordemos también que en el psicodrama clásico «al estilo Moreno» y en el psicodrama triádico, las interacciones físicas se realizan mediante un toque real, como ocurre en el teatro. Se toca la mano o el hombro, pero para el resto se hace «como si»: iniciando, por ejemplo, el gesto de levantar el brazo para dar un golpe, pero amortiguándolo. Por supuesto, no se besa ni se mata «de verdad», obviamente nunca se hace daño, pero, por ejemplo, se puede dar un pequeño beso en la mejilla en el que existe contacto (el tacto es importante para la técnica y para evitar «descompensaciones», del ámbito de la psiquiatría, pero se trata de un toque ligero, únicamente el principio de una acción...).

Jeanne fue una niña abandonada al nacer, de padres desconocidos. De ahí sus graves problemas de identidad, de estar en este mundo, y su angustia permanente.

Viene a vernos porque ya no aguanta más el no saber de dónde proviene.

Tiene la tez blanca, de tipo europeo, ojos marrones y cabello castaño.

Es una niña que fue encontrada y entregada a una institución (antecesora de las DDASS* en Francia) para que la criaran o la adoptaran. Dichas instituciones son obligadas por ley a guardar el secreto del nacimiento.

Le proponemos un psicodrama o juego dramático terapéutico corto para que pueda expresar su dolor, angustia, ira y el conjunto de todos esos sentimientos que nosotros llamamos un doblaje poético, incluso romántico con un final feliz.

Ella representa (en psicodrama) una escena que espera que ocurra en un futuro cercano, actuando «como si» fuera real, durante la cual finalmente obtiene la información confidencial por parte de la administración, va a ver a su «madre biológica» y la abraza. Su emoción se vuelve contagiosa y se extiende entre el pequeño grupo de psicodrama al que asiste con uno de nosotros, durante un taller de tres días. Siente una enorme emoción que se manifiesta en su cuerpo, su piel, su mirada; es como una catarsis (o como diría Aristóteles, una «purga del alma»).

Sintiéndose al fin serena, deja el grupo tras tres días de trabajo intenso.

---

* N. de la T.: Directions Départementales des Affaires Sanitaires et Sociales ('centros departamentales de asuntos sanitarios y sociales').

Unos días más tarde, nos llama para contarnos una historia increíblemente improbable en el contexto de la administración burocrática francesa.

Animada por su experiencia de grupo con la realidad excedente y con la importancia que la «realidad psicodramática» implicaba para ella, una realidad física, kinésica, corporal e interaccional con una madre sustituta, había sentido «de verdad» en su mejilla el beso del ego auxiliar, una asistente terapeuta que desempeñaba el papel de su madre: fue una vivencia corporal profunda que le dio fuerza y dinamismo.

Ante ese impulso, se dirige a la oficina de la institución, la DDASS, y pide el nombre de su madre, a lo que la empleada evidentemente se niega, pero Jeanne exige «la pura verdad».

Resulta que la ley francesa acaba de cambiar ligeramente para posibilitar que los hijos que buscan a sus padres puedan hacerlo cuando el expediente lo permita. Pero en su expediente no hay nada y la empleada se opone.

Jeanne contesta con convicción: «Ya que no tiene ningún escrito de mi madre biológica que prohíba dar su nombre, usted puede abrir el expediente y dármelo».

La empleada accede ante ese argumento tan contundente, aunque jurídicamente discutible. Jeanne se presenta entonces en el pueblito donde nació, en los Alpes franceses, y va a ver al párroco, que le indica la casa en la que vive su madre biológica. Jeanne entra de golpe en «la casa de su madre» y la abraza. La anciana (probablemente su madre) se deja abrazar, desconcertada.

Interviene entonces indignada la hija de la mujer, que le grita: «¡Mi madre no tiene ninguna hija más que yo; salga de aquí!». Pero la madre no dice nada.

Jeanne se va de la casa y vuelve a la iglesia para ver al párroco. Este la recibe de nuevo y le dice: «Parece bastante improbable que dos jóvenes con el mismo nombre y apellido dieran a luz el mismo día a dos niñas en este pueblo tan pequeño. Creo por lo tanto que se trata de su verdadera madre, pero probablemente no se atreve a decir nada delante de su hija legítima...».

Jeanne abandona el presbiterio serena. Ha visto, tocado y abrazado a su madre, con la certitud de que ha habido un sentimiento profundo por ambas partes, materna y filial, que se ha establecido un verdadero contacto.

Ha visto la casa, la casa de su familia, a su hermana o medio hermana, ha visto el pequeño pueblo, ha sentido el ambiente, lo que está en el aire.

Además, su marido lo ha visto también, pues la ha acompañado discretamente en este difícil peregrinaje. La espera justo a la vuelta de la esquina, en el coche. Pueden hablar tranquilamente y deciden volver con sus hijos, cuyas raíces están en ese pueblito, de forma clandestina si es necesario.

En tan solo unos minutos, Jeanne ha vivido y comprendido muchas cosas vitales para ella, y eso le ha permitido, por fin, «vivir como todo el mundo».

Por otra parte, un cálculo básico hecho en psicodrama le permite reconstituir el día de su concepción y situarlo en el baile del 14 de julio. (Nosotros trabajamos siempre a partir de la fecha probable de concepción, que a menudo suele ser un día significativo de la cultura: el 14 de julio,* el Día de Todos los Santos, el 11 de noviembre,** Navidad, el domingo de Pascua...).

Jeanne no pide nada más. Ha visto y tocado a su madre, no necesita volver a verla, una vez ha sido suficiente.

De hecho, ya no tiene angustia ni pesadillas desde que pudo hablar de ello en psicodrama, revivirlo con su cuerpo a través de la técnica de la realidad excedente en comparación con la experiencia real, física, kinésica, respiratoria, muscular, térmica, de un cuerpo a cuerpo y de mejilla a mejilla que acepta, provocando consecuencias profundas y psicosomáticas, psicológicas conscientes e inconscientes que afectan a la totalidad de su persona.

Puede sentirlo y vivirlo en una realidad simbólica pero corporal.

Más tarde, puede tener un encuentro real y, si bien de manera breve, vivirlo al fin. Esto «cierra la *Gestalt*» y el machaque o la rumiación de esa ausencia que la atormenta desde su nacimiento, así como la separación forzada y «no expresada» de su madre biológica.

Tan solo una vez en la realidad simbólica y una vez en la realidad «real», vivida en su carne y en el cuerpo a cuerpo con un ser humano vivo y abierto, han sido suficientes para su consciente, su inconsciente y su coinconsciente familiar. Porque todo se ha vuelto claro y verdadero en «la vivencia interpersonal y transgeneracional».

---

* N. de la T.: Fiesta nacional en Francia (rememoración de la toma de la Bastilla).
** N. de la T.: También llamado Día del Armisticio (conmemoración del final de la Primera Guerra Mundial).

De los diversos modos de comunicación verbal, no verbal y demás; y de las «coincidencias» diversas entre los seres vivos

Hace unos años, en el transcurso de un encuentro entre uno de nosotros y Rupert Sheldrake durante un congreso sobre la energía y las nuevas formas de terapia, le hablamos del «coinconsciente de grupo»,[*] acuñado por J. L. Moreno, que para nosotros explicaría muchas de las cosas que suceden en psicodrama, aunque esto no explicaría quizás todo.

Nos habló entonces de su teoría de la «resonancia mórfica»[**] y de las «ondas mórficas» que pondrían en comunicación a los seres vivos del mundo entero en ciertos momentos y a su vez explicarían las intuiciones de los «egos auxiliares»[***] en psicodrama y los descubrimientos que se han producido al mismo tiempo en diversas partes del mundo sin que hubiera habido robo de ideas.

Explica sus ideas originales de biólogo un tanto revolucionario en su libro *La presencia del pasado: resonancia mórfica y hábitos de la naturaleza*. Sheldrake retoma, entre otras, las teorías de Platón sobre el *anima mundi* ('el alma del mundo'), las de Bergson[****] sobre el impulso vital, y las teorías de Einstein. Desarrolla investigaciones

---

[*] N. de la T.: El coinconsciente, a diferencia del inconsciente colectivo, se refiere a todos aquellos contenidos psíquicos, afectivos, simbólicos, de identidad, etc., que van construyendo y compartiendo las personas a partir de sus encuentros e interacciones.

[**] N. de la T.: La resonancia mórfica postula que cada especie tiene un campo de memoria que es superior a la memoria de cada individuo. Una especie de «memoria colectiva de la naturaleza».

[***] N. de la T.: Ver nota de la página 124.

[****] N. de la T.: Henri Bergson, filósofo francés (1859-1941).

experimentales filmadas que demuestran, por ejemplo, cómo un perro se sitúa en la puerta para vigilar la llegada de su dueño antes incluso de oír el motor del coche.

Para él, estas ondas explicarían muchos de los milagros acaecidos en psicodrama, al menos al mismo nivel que la teoría de Moreno del «coconsciente» y el «coinconsciente» familiar y grupal. (Por otro lado, tuvimos la oportunidad de conversar en Alemania hace unos años y el encuentro quedó grabado en una cinta de audio).

También le debemos el descubrimiento de los trabajos de estadística de Joséphine Hilgard sobre el síndrome del aniversario.

Si hemos entendido bien, existe una especie de energía en esas ondas mórficas y sobre todo en el campo mórfico que guardaría en una suerte de las huellas de lo que ha sido vivido emocional y físicamente.

La existencia de esas ondas mórficas permitiría, según Sheldrake, que los rendimientos deportivos de los Juegos Olímpicos aumenten de unas olimpiadas a otras. Porque cuando las acciones han sido experimentadas por un gran número de personas, en el campo del deporte por ejemplo, no hacen sino mejorar y cada vez de forma más rápida.

Multitud de procesos se han llevado a cabo por robo de ideas por parte de industriales e investigadores varios. Pero el hecho de que los descubrimientos científicos se realicen al mismo tiempo, como si tomáramos al pie de la letra la expresión *la idea estaba en el aire*, ilustra para Sheldrake la influencia de las ondas mórficas.

Uno de nosotros ha hablado a menudo en este libro sobre el anismo. Se trata de una anomalía del ano relacionada con un trauma sexual: se empuja para defecar y al mismo tiempo el ano se cierra (las personas que han sufrido abusos tienen un movimiento de retraimiento y cierre del cuerpo); este doble movimiento impide la defecación y crea estreñimiento persistente.

Este doble movimiento contrario involuntario pondría claramente en evidencia una «escisión» de la personalidad (*split personality*): una parte del individuo lucha contra el otro, como en un *double-bind* ('doble vínculo'), dentro de un cuerpo que se ha convertido en un campo de batalla.

No obstante, ese mismo año, en 1985, y en tres países diferentes, tres personas que no se conocían lo descubrieron y lo nombraron de diferentes maneras. David Preston, en Londres, es el responsable del término *anismus* ('anismo'). Pierre Arhan, en París, llamó a esta disfunción del ano *disobedient sphincter syndrome* ('síndrome del esfínter desobediente'). Han Kuijpers, en Holanda, bautizó esta anomalía como *Spastic Pelvic Floor Syndrome* ('síndrome del suelo pélvico espástico').

Podríamos decir que las ondas mórficas de Sheldrake permitirían que estas ideas que están «en el aire» se propaguen, aun cuando no existe ninguna comunicación aparente entre aquellos a los que se les ha ocurrido.

La serendipia

Ya hemos abordado aquí la cuestión de que las coincidencias quizás no sean simplemente coincidencias... o pura suerte. Zadig, el héroe de Voltaire, encontraba aquello que necesitaba o se le antojaba sin buscarlo: «Todo es prueba o castigo o recompensa o previsión» con ayuda de la providencia, «como por una milagrosa casualidad» (y la protección de un buen ángel).

Recordemos un antiquísimo cuento italiano de 1557, *Los tres príncipes de serendip*, que fue retomado hacia 1754 por dos visitantes del famoso salón literario parisino de madame du Deffand: Voltaire (este cuento filosófico forma parte de los *Cuentos persas* y es el antecesor de las novelas policíacas) y Horace Walpole. Recordemos que Serendip es el antiguo nombre de la isla de Ceilán, hoy llamada Sri Lanka (que sufrió un tsunami en 2004).

Estos príncipes descubrían por «accidente, con sagacidad, al azar, cosas, personas o animales que no buscaban pero que eran útiles para la gente a la que amaban o con la que se topaban por casualidad en su camino y a la que querían ayudar».

El cuento de Walpole lo leímos en Londres, en la biblioteca del Museo Británico, y en 1996 escribimos un artículo al respecto: «La serendipia, coincidencia y sincronicidad».

En la historia de Walpole, gracias a su agudo sentido de la observación y de la comunicación no verbal, el mayor de los príncipes encuentra el camello tuerto de un caravanero persa, lo que lo lleva, después de un malentendido casi mortal pues en un principio lo toman por el ladrón, a ser el invitado del sah de Persia. El príncipe menor halla y devuelve el «espejo de la justicia», guardado en el reino de una reina en la India, y posteriormente, por una nueva «casualidad de encuentros y observación, suerte y sagacidad», encuentra a la hermana menor de la reina, la cual había sido secuestrada. Las casualidades también salvarán la vida de este príncipe durante un terremoto seguido de un incendio que destruye todos los pueblos.

Pero volvamos ahora al presente, al siglo XXI, para redescubrir la intuición, el trabajo y la creatividad de nuestro hemisferio derecho; la importancia de los encuentros fortuitos, felices y benéficos, y el don de «atrapar al vuelo» una situación inédita que se presenta ante nosotros por casualidad y de ver lo inhabitual en ella.

Los descubrimientos científicos están a menudo relacionados tanto con una parte de azar y de suerte como con la apertura de mente y la serendipia.

Recordemos que fue el psicólogo Walter B. Cannon quien creó en 1945 el término *serendipity* para hablar de aquellos descubrimientos científicos que se producen por pura suerte o por una feliz coincidencia, que él define precisamente como *the happy faculty* ['la feliz facultad'], es decir, la suerte o la facultad en descubrir evidencias inesperadas en las propias ideas o encontrar por una agradable coincidencia cosas que no estábamos buscando.

Cannon precisa que para estar preparado para hallar cosas por suerte o por casualidad, hay que estar alerta, ser abierto, estar dispuesto a ver y aceptar lo que pueda suceder, estar como en una frecuencia que permita la apertura y atrapar la ocasión o el fenómeno cuando este se presenta.

Tener ojo avizor y espíritu libre, y ser capaz de sorprenderse de un descubrimiento accidental son cualidades importantes de la investigación y de una mente preparada, capaz de estar alerta en el caso de que algo inesperado se produzca.

Un ejemplo de serendipia podría ser el descubrimiento por accidente de la penicilina de Fleming a raíz de la observación de hongos en las placas de cultivo desechadas en una papelera que no se había vaciado durante unos días y que él analizó, en lugar de haberlo pasado por alto o haberse enfadado con la mujer de la limpieza...

La serendipia es muy diferente de la sincronicidad de Jung, quien constataba «coincidencias», por ejemplo un escarabajo («escarabajo dorado») que golpeaba la ventana de su gabinete mientras uno de sus pacientes le contaba un sueño con un escarabajo.

Jung discutió de esto con el físico Wolfgang Pauli (Premio Nobel de Física en 1945): «Un "incidente sincrónico" sería la "coincidencia significativa" (pero no necesariamente sincrónica en el instante) de un acontecimiento material externo con la emergencia de un símbolo interno, o evento psíquico, no existiendo ninguna relación causal entre estos dos eventos, ni siquiera una conexión causal apropiada; [...] estando ambos acontecimientos únicamente vinculados por su significado».

Según Jung, «los acontecimientos sincronizados se basan en la simultaneidad de dos estados psíquicos diferentes». Uno de estos dos estados está relacionado con una causa probable (de nuestro mundo cartesiano, diríamos); el otro no puede deducirse del primero («el efecto sigue a la causa») ni puede ser explicado racionalmente, y sin embargo, *a posteriori*, algo se explica o se verifica, o podría verificarse, como si el evento exterior estuviera relacionado con el estado interno del sujeto... Los junguianos místicos hablarían de un estado modificado de conciencia o de unidad del universo (*Unus Mundus*).

Para Marie-Louise von Franz, junguiana, esta «coincidencia significativa de acontecimientos psíquicos, ya sean pensamientos, sueños u otros, junto con la percepción de acontecimientos externos, de orden material, revela en un momento puntual en el tiempo la unión de la materia y la psique».

Pero hay que saber «distinguir» una simple constatación de «copresencia» (un poco por casualidad) de la serendipia propiamente dicha, a través de la cual sacamos conclusiones y pasamos a un acto a raíz de lo que efectivamente sucedió al azar, como por coincidencia...

Según Hubert Reeves y otros físicos actuales de renombre, la teoría de la física cuántica no ha sido nunca refutada y cuestiona por tanto nuestra manera de pensar tradicional.

Una teoría cuántica postula (se trata de la paradoja de Einstein-Podolsky-Rosen) sobre las propiedades de los objetos, o al menos de los átomos de esos objetos, que las «partículas y sus propiedades se encuentran y se diluyen en un volumen de espacio [...] [por una función de onda asociada] y estas partículas permanecerían en contacto, cualquiera que sea la distancia que las separa y el tiempo que las separe: lo que le sucede a una en un lugar influye instantáneamente en otra, incluso aunque las separen años luz».

«Estas hipótesis y postulados –prosigue Reeves–, se aplican también a la astronomía: la observación de galaxias lejanas nos demuestra igualmente que todos los átomos obedecen exactamente a las mismas leyes, en todo el universo, incluso cuando nunca han existido relaciones causales entre ellos».

Hemos escrito en otros textos muchas cosas sobre la serendipia y la influencia que puede tener en las personas que, como Sócrates, escuchan su voz interior, esa que los detiene (el buen Daimón de Sócrates), los alerta o pone algo en su camino, ofreciéndoles una oportunidad, una suerte, que capturan al vuelo. Escuchemos a Platón:

Esto se debe [este fenómeno se debe] [...] a cierta manifestación de un dios o espíritu divino que aparece en mí [...]. Es algo que comenzó ya en mi infancia, una vocecita que, cuando se hace oír, siempre me disuade de lo que iba a hacer y nunca me empuja a actuar.

Mi advertencia habitual, la del espíritu divino, me llegaba con mucha frecuencia [...] y me retenía incluso en acciones de poca importancia en el momento en el que iba a hacer lo que no estaba bien.

Pues bien, ni esta mañana, ni cuando salí de mi casa, la voz divina lo retuvo [...] ni mientras hablaba previniendo lo que iba a decir.

Por tanto, muy a menudo, en otras circunstancias, la voz me ha hecho callar en medio de mis propósitos.

Esto [...] es para mí una prueba decisiva de que no es admisible que mi señal habitual no me haya detenido si lo que iba a hacer no era bueno.

La serendipia tiene que ver con situaciones en las que encontramos algo o a alguien por una feliz casualidad y gracias a las cuales hacemos algo a continuación, como cuando descubrimos bajo las ruedas de un coche o en una cuneta, en una ciudad desconocida, la cartera robada el día antes y despojada de todo dinero en efectivo pero con el imprescindible pasaporte dentro. Pero también se puede tratar de encuentros en la vida que se pueden convertir en cruciales, esenciales.

**

Finalmente somos menos libres de lo que pensamos. Estamos ligados a nuestras vivencias personales, familiares, transgeneracionales, a los secretos de familia, los muertos, las pérdidas y los duelos no transitados, ligados al desastre que nos han dejado nuestros antepasados y al peso con el que nos obligan a cargar a causa de los dramas que ellos vivieron, o su reacción a esos dramas, su fragilidad, sus angustias, sus sentimientos de culpa, sus ataduras sociales y todo lo que no se dijo e incluso lo impensable. Lo han cargado sobre nuestros hombros, a menudo sin ni siquiera saberlo.

Y sin embargo, podemos recuperar nuestra libertad y salir de la repetición o de la oposición estéril, del silencio gélido de la muerte, al comprender lo que está sucediendo, al captar los delgados hilos de las relaciones y situarlos en su contexto, con su ambivalencia, su intrincación y su complejidad.

Entonces podremos vivir al fin nuestra propia vida, aquella que anhelamos, e ir hasta lo más profundo de nuestros deseos y posibilidades, sin seguir viviendo la vida de nuestros padres, abuelos o abuelos de abuelos, de sus hermanos y hermanas o amigos fallecidos trágicamente, sometidos a abusos sexuales o que tuvieron comportamientos sexuales «inconfesables». Se trata de esos traumas «socialmente indecibles» (esto es, de los que no se puede hablar), y que se han convertido incluso en «impensables» (es decir, sobre los que no tenemos ni el derecho ni la posibilidad de pensar, porque no sabemos conscientemente que el hecho o secreto existe, incluso si lo sufrimos en nuestra propia carne), de nuestros antepasados, padres, amigos de la familia, niños muertos o «nonatos» (por aborto voluntario o por pérdida), o bien «fantasmas» que reemplazamos sin saberlo, y a menudo en el más absoluto secreto familiar, grupal, social…

Liberarse del peso y las cadenas de un pasado difícil, doloroso o inaceptable, no digerido, intragable, hacer el duelo de lo que nos pertenece y de aquello que no nos pertenece en realidad, por elección consciente y en una decisión clara, no se lleva a cabo de manera sencilla ni sin gritos, lágrimas* ni apoyo terapéutico (con el respaldo de

---

* N. de los A.: Recordemos que generalmente guardamos secretos o al menos evitamos contar y mencionar los hechos siguientes: nacimientos ilegítimos, incestos o bastardías; niñas madres; padres que abandonan a la familia; tener un asesino o asesina en la familia; las muertes trágicas y horribles; los casos de bancarrota por fraude; haber

una persona cualificada y capaz de entenderlo verdaderamente todo y que apoya al profundo ser humano que renace).

Este enfoque, sosteniendo como un contrafuerte sostiene una catedral, permite expresar finalmente todo lo que llevamos en el corazón y evitar una «descompensación» (episodio psicótico).

Toda herida necesita ser desbridada* antes de que se pueda cerrar y sanar. De igual manera, en algún momento es necesario poner palabras a los diversos traumas

---

estado del lado equivocado en decisiones o en revueltas políticas; ser de origen extranjero o a veces incluso de cierto color de piel cuando se es, a fuerza de relaciones ilegítimas y de cruzamientos interraciales, lo suficientemente claro de piel como para hacerse pasar por blanco y «transgredir la línea»; las estancias en prisión, en hospital psiquiátrico o internados diversos; a veces el paro; antepasados de otra religión mal vista en el contexto o perseguida. Por ejemplo: ser, haber sido o haber tenido uno o varios miembros de la familia que fueran judíos, árabes, italianos, comunistas, «colaboradores», de origen extranjero, indígenas (de América del Sur en particular), de color, pobres, alcohólicos o drogadictos, gringos, con sífilis o sida...., niñas madres, mujeres violadas... o acusadas por equivocación o sin razón, difamadas... La lista es larga... y en realidad podríamos citar todas las nacionalidades, religiones y opiniones ya que todas, en determinados entornos y épocas y según para quién, están mal vistas socialmente o son «políticamente incorrectas». Al enunciar todo esto como hipótesis de «lagunas de la memoria» familiares, al enunciar esta lista de secretos de familia con los que nos encontramos con frecuencia, estamos nombrando todo lo que no se dice, lo innombrable: estamos osando llamar a cada cosa por su nombre y poner palabras a situaciones y dramas, para exponerlo al fin, lo que a menudo suele desbloquear la posibilidad de hablar de una realidad trágica, socialmente inaceptable y extremadamente dolorosa.

* N. de la E.: En su sentido literal el desbridamiento de heridas se define como «la eliminación de tejido, cuerpos extraños y otras sustancias no vitales para optimizar la curación». El desbridamiento debe ser el primer paso para la preparación del lecho de una herida crónica. El uso de este verbo en sentido figurado es, pues, especialmente elocuente en el contexto de este libro.

horribles del pasado para así airearlos, experimentar los sentimientos que se vivieron y que no se elaboraron en su época y cuyo duelo no se realizó. Ese será el precio que se debe pagar para poder cerrar la herida, reconstituir la piel y el «yo-piel», pero no como si nada hubiera ocurrido: esta nueva piel será quizás mejor y más fuerte que la precedente porque habremos recogido los frutos de lo que sucedió y habremos integrado sus lecciones.

Resulta evidente que si nuestros antepasados traumatizados o que sufrieron abusos y fueron víctimas de situaciones varias hubieran podido expresar lo que necesitaban expresar a aquellos que abusaron de su poder y abusaron de ellos en diferentes situaciones, el duelo se podría haber realizado y la herida habría sanado en su momento.

Si hubieran podido gritar su dolor y encontrar las palabras para contarlo, eso habría desbridado y lavado la herida; si hubieran podido expresar su ira, maldecir al abusador o al cielo; si hubieran podido gritarlo en vez de sufrir en silencio, las viejas heridas habrían dejado una pequeña cicatriz en vez de dolores reprimidos que azotan a las siguientes generaciones como una resaca persistente.

Sabemos que la presión del vapor genera energía, que va por ejemplo a hacer que la máquina se ponga en movimiento. Sin embargo, si esa presión no se libera, puede hacer que «la olla estalle». Las comparaciones no demuestran nada, pero ¿cómo explicar de manera sencilla que ocurre lo mismo con la ira reprimida contra alguien (después de un abuso) o contra el cielo (después de un cataclismo), la cual debe expresarse a través de la rabia, que a menudo es mortal y que constituye una catarsis de lo que se ha soportado? Incluso Job se rebela y grita contra la injusticia sufrida. Y, mientras no se exprese, esta ira reprimida y sofocante bloquea o ralentiza toda respiración normal y toda vida que llamamos normal.

Además, nuestro cerebro está hecho de tal manera que existe una presión para «terminar las tareas inacabadas», como por ejemplo el duelo inacabado de una muerte inaceptada e inaceptable y de toda pérdida. Al revelar la verdad de estos secretos acontecimientos pasados, liberamos la «necesidad» que tienen estos dolores emocionalmente reprimidos de manifestarse en forma de somatización tanto en nosotros mismos como en las generaciones futuras.

Casi podríamos reírnos de ello... para curarnos,[*] ya que investigaciones recientes han demostrado que la descarga de endorfinas de la risa (y la liberación de lágrimas) transforma efectivamente el funcionamiento del ser.

Cuando el «fantasma sale del armario» y «finalmente podemos hacer el duelo de lo que sucedió», cerrar el círculo y «concluir la situación», los vivos y los muertos retoman cada uno su lugar, diferente... Y los descendientes pueden vivir... por fin.

---

[*] N. de la T.: En el original, los autores escriben entre paréntesis *gai-rire* ('alegre', 'reír') tras el verbo *guérir* ('curar'), ya que fonéticamente suenan igual. Es imposible traducir este juego de palabras al castellano.

CONCLUSIÓN

El inconsciente tiene buena memoria y el cuerpo registra todas las conmociones, marcas de caídas físicas, de accidentes corporales y de *shocks* psicológicos.

Los traumas tienen una vida larga.

Y aún más larga cuando no se ha hecho su duelo. Si los traumas no han podido ser expresados, digeridos, metabolizados en su momento, permanecen como tareas inacabadas, interrumpidas.

En este libro hacemos referencia a trabajos que se han convertido en clásicos de la teoría de la psicología Gestalt y de la dinámica de grupo como son los de Kurt Lewin y los de su alumna Bluma Zeigarnik. Lo que llamamos el efecto Zeigarnik se refiere a las tareas inacabadas y a su persistencia en la memoria. Se aplica a la «rumiación» de los duelos no realizados durante procesos de maduración, a pérdidas diversas y a los traumas graves.

Todo lo que no ha sido realizado o terminado en su momento permanece en la memoria. «Rumiamos» mucho, durante años e incluso generaciones, rumiamos todo aquello que nos atormenta y nos afecta. Son como heridas que se han quedado abiertas e infectadas, incapaces de cicatrizar, y que son por tanto transmitidas en legado a la descendencia.

Hemos intentado demostrar en este libro que los secretos familiares son perjudiciales para los descendientes de víctimas de traumas físicos, psíquicos o sexuales, incluso aunque estos traumas ocurrieran hace mucho tiempo.

Resulta especialmente evidente en el primer y segundo capítulo, que tienen en común historias de abusos sexuales en la vida de la madre de pacientes que sufren problemas digestivos. Lo que nos pareció destacable y merecedor de una descripción detallada es que los problemas físicos de los descendientes, que no habían sufrido abusos, resistían a cualquier tratamiento y a cualquier intervención; y que cuando la víctima de un abuso sexual durante la infancia decidía finalmente, probablemente por desesperación ante el sufrimiento de sus hijos, hablar de ello, buscar ayuda y sobre todo nombrar el dolor experimentado durante los abusos, el hijo se curaba inmediatamente en la mayoría de los casos.

Como si el cuerpo del niño fuera la «voz» de la historia de los padres.

En cierta manera, no es sorprendente.

Efectivamente, los niños, sobre todo los más pequeños, son como esponjas que captan todo lo que sucede a su alrededor, ya sean cosas dichas o no dichas, sino únicamente vividas. Sobre todo en ese caso.

Como las cosas no se nombran, el niño no puede decirlas, puesto que no está al corriente de forma consciente de los dramas acaecidos.

Freud no habla del inconsciente del presente, sino del pasado. Utiliza el término *unbewuste* ('inconsciente'), que es un participio pasado. La única solución que le queda al niño para expresar lo que siente es mediante su cuerpo. Ahí radica el sentido de la somatización.

En los dos primeros capítulos hemos demostrado que sacar a la luz una historia de abusos sexuales tiene un impacto claramente positivo y curativo en la mayoría de los niños que padecían alguna dolencia relacionada con el tubo digestivo.

Referente a esto, la cuestión de los «falsos recuerdos» o «fantasías» que hemos mencionado en relación con el complejo de Edipo no son pertinentes. Simplemente porque el padre o madre víctima, al hablar, permite que su hijo se cure, y todo esto tiene que ver con lo no dicho (lo no dicho o lo indecible). Esta descripción de un problema agudo y relativamente minoritario muestra que todo trauma que no es abordado ni sanado por parte de la víctima será, de una forma u otra, transmitido a sus descendientes.

Al escribir este libro, queríamos evitar caer en diversas trampas.

En particular, no tenemos la pretensión de haber escrito una obra científica, aunque, por otra parte, hemos escrito sobre este tema un artículo científico. Este libro está repleto de anécdotas que van todas en el mismo sentido: la transmisión de lo que no se dice en forma de somatización. Pero la ciencia no se puede reducir a anécdotas. Toda ciencia se compone de medidas, y para realizar mediciones, hace falta una cifra. Hay que reducir a los sujetos, que son en realidad enfermos, a objetos de medición científica para poder contabilizarlos y desarrollar estadísticas. Aquí no hemos hecho eso por razones evidentes de metodología.

¿Cómo podríamos demostrar científicamente que el abuso sexual perpetrado a una mujer que se ha callado y no ha sido compartido con nadie puede tener un impacto perjudicial sobre sus descendientes? Para ello, sería necesario tomar a un centenar de mujeres que han sufrido abusos sexuales en su infancia, saber que han sido víctimas de abuso (lo cual es contradictorio con nuestra hipótesis), no brindarles apoyo, no ayudarlas en su sufrimiento, esperar a que tengan hijos y realizar una evaluación médica digestiva profunda de estos niños.

Esta demostración, por lo absurdo, prueba que sería extremadamente difícil llevar a cabo con éxito este proyecto. Con toda probabilidad, ese estudio científico no se llevará a cabo nunca.

Una alternativa científicamente aceptable sería llevar a cabo un estudio de casos bajo control. Para ello sería necesario reunir a un número considerable de niños que sufrieran de trastornos digestivos funcionales resistentes a todo tratamiento e intervención. Pero aquí ya nos encontramos con una dificultad, a saber, definir lo que consideramos como «resistente a cualquier tratamiento» y que han quedado sin resolver por un cierto número de médicos y/o terapeutas, lo cual también requeriría una definición. Una vez reunida la cohorte de niños, sería necesario plantear la pregunta sobre una historia de abuso sexual a las madres, padres y demás familia, esperando obtener una respuesta verdadera y sincera sobre la existencia de ese abuso, algo completamente ilusorio. ¡Resulta fácil imaginar cuál sería la reacción de los padres que vienen a consulta por problemas de estreñimiento, incontinencia o dolores abdominales de sus hijos si se les preguntara si sufrieron abusos sexuales durante la infancia!

Frente a estos dos métodos, podíamos presentar únicamente una serie de casos que van todos en la misma dirección y que, incluso aunque no puedan generalizarse al conjunto de la población, generan sin embargo una hipótesis: cuando un niño no responde a ningún tipo de tratamiento, resulta útil explorar la historia de su familia.

El enfoque sistemático de la familia es bien conocido por los pediatras y a menudo, cada vez con más frecuencia, los padres forman parte del tratamiento del niño. Ayudarlo permite con frecuencia la resolución del problema de este último.

Hemos intentado aquí ir más allá de la simple problemática de la relación cotidiana entre padres e hijos y abordar el sufrimiento de los padres para ayudar al hijo.

La segunda trampa que queríamos evitar sería la de hablar únicamente de abusos sexuales. El tema en sí desencadena tempestades, mucho más fuertes en Europa que en América del Norte.

Si reflexionamos bien sobre la naturaleza del abuso sexual (que puede ser una forma de abuso de autoridad), se trata nada más y nada menos que de la demostración más flagrante de una falta de respeto hacia el niño. Hemos por tanto intentado ampliar este crimen al uso del cuerpo del niño por parte de un adulto para sus propias necesidades. Hemos pasado así de los abusos físicos a los abusos simbólicos, probablemente innumerables y ciertamente bastante turbios, y que son vividos como tales por los niños, los cuales solo pueden expresarse sobre el tema cuando se convierten en adultos. De ahí nuestro intento de discutir sobre los abusos simbólicos, representados por cualquier invasión del cuerpo del otro que se realiza con una actitud de utilización en lugar de con benevolencia. También hemos tratado de alejarnos de la noción de sexualidad para llegar a la idea de que el niño no es el padre o la madre, no es un clon de sus padres, sino alguien diferente y cuya integridad debe ser respetada totalmente, so pena de sufrir un trauma.

La tercera trampa por evitar ha sido en lo referente a la intelectualización. La compulsión de repetición a menudo se traduce por una frase del tipo «es mejor lo malo conocido que lo bueno por conocer», algo que lleva a innumerables víctimas de abusos sexuales u otros traumas a un proceso de revictimización del mismo tipo. Como esa joven a la que un padre alcohólico golpeaba. Se casó con un alcohólico que la golpeaba, al que dejó por un alcohólico que no la golpeaba, y al que abandonó a su vez por un exalcohólico que tampoco la golpeaba... La compulsión de repetición es un fuerte indicativo de que el adulto no ha salido de la infancia y trata de reconstruir una infancia más adecuada de la que vivió, lo que lo obliga o lleva a pasar siempre por los mismos procesos dañinos. Pero entender, y sobre todo entender «bien», es un mecanismo dc defensa particularmente perverso, y aún más si la persona a la que se dirigen los mecanismos de comprensión confirma que ha sido bien escuchada y bien comprendida. Esto eclipsa completamente las emociones subyacentes.

Por lo tanto, habría sido muy tentador para nosotros reconstruir un historial familiar de traumas excluyendo cualquier forma de interpretación de las relaciones interpersonales. Por ejemplo, en la historia de la joven mujer que se empaló, simplemente entender que tres generaciones de mujeres antes que ella habían sido violadas a la misma edad a la que ella se empaló habría sido completamente insuficiente para ayudarla. De hecho, aquí y ahora, para hablar como los practicantes de la técnica Gestalt, esta joven estaba en un entorno familiar disfuncional. Hubo un comienzo de relación incestuosa con su hermano, pero todo eso fue magnificado por el peso de la historia de los abusos sufridos por su madre, su abuela y su bisabuela. Por lo tanto, hay que hacer un trabajo en términos relacionales, en la vida cotidiana, en la vida real, aunque esta esté parcialmente programada por la historia de los antepasados. Por ejemplo, hay familias donde la aceptación de los hijos de uno u otro sexo no es neutral, sino que está fuertemente programada.

La rápida recuperación de ciertos individuos descritos en este libro tras la clarificación de los traumas no reconocidos de su madre puede explicarse por un proceso más general que va más allá de las afecciones asociadas a los abusos sexuales y a los trastornos de defecación.

Todos los niños sienten la ansiedad de sus madres, su depresión o alguna otra disfunción parental. Como ese sentimiento impide al niño sentirse bien, ayudar a que la madre revele lo que le perturba y, si es posible, aliviar su sufrimiento, va a aliviar automáticamente al niño. Como resultado, la persona es capaz de superar el odioso problema que ha hecho su vida miserable.

Cuando las madres mejoran, sus hijos mejoran, y viceversa. Todos los pediatras lo perciben así, pero en general se los deja solos cuando se preguntan cómo encontrar la raíz del problema y ponerle una solución eficaz.

No todos los niños descritos en este libro han sanado. Es necesario por tanto hacer aquí una observación importante, que es la siguiente: el simple hecho de plantear una pregunta no es suficiente.

Decir que ha existido abuso no corrige de forma automática el sufrimiento inconsciente de la víctima de ese abuso. Eso no sana, pero alivia...

Es por lo tanto esencial decir que el enfoque de esa problemática generacional no puede ser simplista, no puede basarse en una mera linealidad de causa y efecto.

Sin embargo, sacamos como conclusión que las historias contadas en este libro son muy buenos ejemplos de lo que ahora se conoce como el «síndrome del aniversario». Este síndrome ha salido a la luz por problemas psicológicos o psiquiátricos cuyo origen se encontraba en una generación anterior. Aquí damos un paso adelante y planteamos que «los problemas pueden ser una disfunción corporal».

No sabemos si la disfunción podría ser también de origen orgánico. Los síntomas que tienen los enfermos descritos en este libro son sobre todo de naturaleza funcional.

En la mente de pacientes y médicos existe una gran confusión que lleva a equiparar enfermedad imaginaria con problema funcional. No hemos hablado de enfermedades imaginarias. Los pacientes descritos en este libro sufrían, en su mayoría, problemas de estreñimiento, diarreas, dolores de estómago e incontinencia anal cuya causa no era una enfermedad orgánica fácilmente detectable por pruebas radiológicas o de laboratorio. Sin embargo, sus problemáticas eran muy reales y medibles mediante todas las pruebas funcionales de las que disponemos hoy en día gracias a la medicina moderna. En otras palabras, no había lesión, pero las estructuras anatómicas funcionaban de forma anormal. Sin embargo, sus cuerpos hablaban de sus sufrimientos no expresados y sobre todo del sufrimiento no expresado de sus madres.

Aunque no podemos afirmar haber demostrado científicamente que todo trauma no resuelto en una generación se transmite a la siguiente, a menudo a través del cuerpo más que de la mente, no deja de ser cierto que esta transmisión de padres a hijos ha sido descrita y probada científicamente, a nivel psicológico y psiquiátrico, por una autora estadounidense, Joséphine Hilgard.

Los analistas, en general, sostienen que la palabra es suprema. Es posible que tengan razón, pero demasiado a menudo, cuando la palabra contradice al cuerpo, algunos niegan la realidad corporal poniendo énfasis en la palabra, y ese error tiene que ver con la psicosis.

El cuerpo nunca miente y cuando contradice al pensamiento, es porque algo no ha sido nombrado o dicho, y ese algo pertenece al ámbito de la palabra.

No existe por tanto antagonismo entre cuerpo y pensamiento, sino falta de coordinación. Recordemos aquí que la teoría de la «disonancia cognitiva»,* que debemos a Leon Festinger,** demuestra que una de las maneras de resolver el malestar de la contradicción consiste en subestimarla, o simplemente no verla, reduciendo así inconscientemente su percepción. Siempre y cuando el cuerpo esté en contradicción con la palabra, hay material para la elaboración intelectual hasta que el desacuerdo desaparezca o se reeduque la percepción de la realidad.

Sería presuntuoso pensar que la vida ha comenzado con nosotros. Somos los herederos de la historia de nuestros antepasados. Los genes no son lo único que se ha transmitido de generación en generación. Las historias aquí relatadas constituyen una amplia demostración de que formamos parte de una humanidad en evolución, de un «devenir constante», como diría Françoise Dolto.

Este libro no es en absoluto un ataque frontal en contra de los padres. Los pobres hicieron lo que pudieron con los traumas que ellos mismos padecieron y los

---

* N. de la T.: Teoría presentada por Leon Festinger que describe la ansiedad o incomodidad que experimenta una persona cuando sus actitudes o creencias entran en conflicto con sus actos.
** N. de la T.: Psicosociólogo estadounidense (1919-1989).

conocimientos, o más bien pocos conocimientos, de los que disponían en aquella época. Lo que queremos decir es que no intentamos culpabilizar a los padres, más bien al contrario, todos hemos hecho lo que hemos podido en relación con nuestros hijos.

Para responder por adelantado a aquellas personas que se pudieran indignar a pesar de todo, que sepan que los dos, ambos autores de este libro, tenemos más de sesenta años, ambos tenemos hijos y nietos y ambos hemos cometido errores con ellos.

Y ambos estamos convencidos de que el significado etimológico de la palabra *pecado* en hebreo es sin duda apropiado, puesto que simplemente quiere decir '¡fallar el objetivo!'. ¡Recordemos por otra parte que Edipo se castigó a sí mismo por no haber sabido a tiempo! Cuando lo vio, fue perdonado...

Pero todos somos herederos de nuestros ancestros.

Nos han legado cromosomas, pero también usos y costumbres, creencias, comportamientos. Y a veces ocurre que esos comportamientos se traducen en una sintomatología en la que nuestro cuerpo se convierte en portavoz del sufrimiento de nuestros antepasados.

GLOSARIO

Anismo: se trata de una disfunción anorrectal. Cuando un sujeto normal empuja para defecar, su ano se relaja completamente para dejar pasar el excremento sin que se tenga que hacer ningún esfuerzo. Cuando hay anismo, el ano, en lugar de relajarse, puede incluso contraerse. Esta anomalía fuerza a la persona a hacer mucho más esfuerzo. «No sale —dicen los pacientes—, pero siento que tengo ganas». Van a hacer entonces grandes esfuerzos, lo que los lleva en ocasiones, a largo plazo, a tener problemas de descenso de órganos. Aunque la presencia de anismo no quiera decir que han existido abusos sexuales en el pasado, se ha demostrado de todas formas que este tipo de trauma se encuentra diez veces más a menudo en la historia pasada de sujetos que sufren de anismo.

Biofeedback: técnica de fisioterapia que permite demostrar a un paciente el efecto del esfuerzo de una contracción o relajación de un músculo a través de un aparato electrónico, ya sea en forma de sonido que cada vez se convierte en más agudo, ya sea en forma de personaje que sube o baja una escalera cuando se trata de niños, o bien simplemente de manera electrónica mediante una aguja que sube cuando hay contracción y baja cuando hay relajación. Esta técnica es ampliamente utilizada por médicos y fisioterapeutas, con resultados variables, pero a menudo con éxito.

Catarsis: término procedente del griego, introducido por Breuer para describir la liberación de afectos y emociones durante la hipnosis. Freud extendió este término a la expresión emocional en psicoanálisis y lo completó con un trabajo más extenso de reestructuración (*working through*, 'perlaboración') relacionado con los sueños, los actos fallidos y las recaídas. Habló de *talking cure* o 'cura a través de la palabra' antes de crear el término *psicoanálisis* y abandonar la catarsis, de la cual desconfiaba, puesto que a menudo no perduraba en el tiempo.

Colectomía: extirpación de una parte del colon.

Colonoscopia: técnica para inspeccionar el colon con ayuda de un endoscopio, aparato óptico articulado compuesto de decenas de miles de fibras ópticas minúsculas que se introduce en el colon.

Colopatía funcional: problema bastante frecuente padecido por una de cada cinco personas. Tres de cada cuatro mujeres lo sufren, excepto en la India, donde es más común entre los hombres. Existen varias formas de colopatía funcional: la variante estreñida, la variante diarreica y la que alterna ambas. A las personas que sufren de colopatía les duele el estómago y este dolor disminuye cuando van al baño; esta dolencia también viene acompañada de trastornos relacionados con la frecuencia de las heces y su consistencia. Los síntomas aquí descritos de manera escueta están recogidos en los «criterios de Roma II»* (en referencia al nombre de la ciudad en la que se reúnen los expertos).

Es muy importante señalar que la presencia de sangre en las heces, los cambios recientes en la frecuencia y apariencia de estas, la pérdida de peso y la fiebre no forman parte de esos criterios y son signos de alarma que deben llevar inmediatamente a consultar un especialista para poder detectar, probablemente, una enfermedad.

A este problema se le han puesto muchas etiquetas. Los anglosajones hablan de «colon irritable» (*irritable bowel syndrome*), pero otros hablan de «intestino irritable» ya que las personas que lo padecen sufren también trastornos en el esófago (con reflujo ácido que sube hasta la boca), en el estómago (pesadez) y en el intestino delgado. Algunos autores francófonos hablan de «colitis desgraciada», en clara referencia a una problemática psicosomática asociada, pero con una terminología inadecuada, ya que no existe inflamación y por tanto no hay «-itis». Otros utilizan el término *espasmofilia*, mal aceptado por la comunidad médica, incluso aunque se haya demostrado que un tercio de las personas que padecen colopatía tienen espasmos bronquiales cuando se las estimula en laboratorio para ver si tienen tendencia a padecer asma. Quienes

---

* N. de la T.: En el momento en que realizo esta traducción, la versión más reciente son los criterios de Roma IV (mayo de 2016).

sufren de colopatía presentan todo tipo de síntomas, todos funcionales, que van de la cabeza a los pies, y en todos los sistemas del cuerpo, siendo los más frecuentes los dolores de cabeza y las palpitaciones y también los dolores de espalda sin que haya hernia en la columna.

Disociación: proceso psicológico que permite a un sujeto tomar distancia en un contexto en el que la realidad es demasiado insoportable. La persona traumatizada se divide en una parte herida e incapacitada y en otra parte más sana que se convierte en observadora del sujeto traumatizado. Esta parte puede desarrollarse y convertirse en «resiliente», especialmente si la persona en situación de estrés postraumático es acogida en un entorno de ayuda. La fragilidad de la situación reside en una grieta, una escisión del individuo en dos partes no integradas. Esta división puede observarse de diferentes maneras: entre la inteligencia, la psique y el cuerpo; entre la inteligencia y las emociones; entre lo masculino y lo femenino, etc.

La disociación puede ser inducida, en un intento de exploración de la parte herida, y es una de las primeras etapas del proceso hipnótico.

Diverticulitis: inflamación que tiene lugar cuando una pequeña hernia de colon se perfora bajo el efecto de una presión interna demasiado grande. Existe entonces contacto directo entre las heces que se encuentran en el intestino grueso y el peritoneo, lo que causa peritonitis, que puede llegar a ser mortal si no se trata a tiempo. La diverticulosis sin embargo está omnipresente en el mundo occidental, con una prevalencia de alrededor del diez por ciento por cada década de edad sumada: una persona de cada dos la tiene a los cincuenta años y todo el mundo a los cien...

Enfermedad de Crohn: enfermedad inflamatoria intestinal, para la cual no se ha encontrado ninguna causa infecciosa respaldada por pruebas sólidas que haya resistido el paso del tiempo. Lleva el nombre del doctor Burril Crohn, un médico estadounidense que la describió en 1931. Pero, en realidad, ya había sido descrita en 1916 por un oscuro médico escocés llamado Kennedy Dalziel, quien reconoció de forma correcta que esta enfermedad difería de la tuberculosis, aunque, al microscopio, algunas anomalías hacían que se pareciera a esta última. Durante mucho tiempo, se consideró una afección del intestino delgado, hasta que un cirujano de Liverpool, Wells, presentara en 1953 los datos que probaron la existencia de la enfermedad de Crohn en el intestino grueso. América del Norte ha sido más lenta que Europa en adoptar este concepto, y no fue hasta 1968 cuando se reconoció en todo el mundo que la enfermedad de Crohn en realidad afecta a la persona en su globalidad, con una predominancia en lo digestivo, sobre todo en la parte baja del intestino delgado. Pero se han descrito las mismas lesiones en cualquier otra parte del cuerpo, de la boca al ano, y se ha reconocido su existencia fuera del tubo digestivo: piel, pantorrillas, vulva, etc.

Sus principales síntomas son dolores abdominales acompañados de diarrea y febrícula. Sus complicaciones son de naturaleza obstructiva o en forma de fístulas, y parece que existen dos grupos de pacientes en este sentido. Los principales problemas que ocasiona son obstrucciones, perforaciones e infecciones, hemorragias y, en casos más raros, cáncer. Las personas que sufren esta enfermedad pierden proteínas y nutrientes, lo que conduce a la pérdida de peso o al retraso en el crecimiento.

No se conoce la causa. Parece probable que estén involucrados trastornos del sistema inmunitario, en un sentido de debilidad o autoinmunidad, en que el cuerpo se ataca a sí mismo. Aunque el concepto sea criticado, hay una gran cantidad de psicopatología asociada a esta enfermedad, que ya existía antes de que la dolencia fuera diagnosticada como tal, lo cual es un fuerte argumento en contra de la idea de que simplemente refleja su alta tasa de morbilidad. Las personas que sufren de enfermedad de Crohn experimentan a menudo depresión y tienen una predisposición hacia situaciones en las que ejercen gran control sobre sí mismas y sobre los demás. Estudios de casos familiares han demostrado que las personas con enfermedad de Crohn no han atravesado una crisis de adolescencia ni han logrado una independencia simbólica de sus padres o de la figura sustituta.

El tratamiento para combatirla deja mucho que desear. La cirugía se reserva estrictamente para complicaciones y no tiene ningún valor curativo, solo paliativo. El tratamiento con medicamentos es efectivo, pero no debemos olvidar que el efecto placebo tiene un cuarenta por ciento de eficacia en estos casos.

Enfermedad de Hirschsprung: enfermedad congénita que causa estreñimiento en la que no existe ninguna célula nerviosa en la pared del recto. Lo único que puede salvar a quienes la sufren es una operación quirúrgica. Cabe señalar que si la magnitud del problema no es demasiado grande, la persona puede pasarse toda la vida con estreñimiento, y ello desde su nacimiento. Pero algunos niños mueren si no son operados.

Fecalomas: acumulación de materia fecal extremadamente dura en el recto que se agranda tanto que se vuelve imposible pasar el excremento por el ano. Las heces líquidas rodean el obstáculo, y el sujeto, incapaz de retenerlas, sufre incontinencia.

Genograma: árbol genealógico de tres generaciones con algunos hechos vitales en el que se ponen en evidencia los lazos entre hijos, padres y abuelos. Se utiliza sobre todo en terapia familiar sistémica para tratar a continuación el sistema familiar patológico.

Genosociograma: árbol genealógico que engloba entre cinco y siete generaciones en el que se anotan tanto las fechas (bodas, nacimientos, fallecimientos) como los hechos importantes de la historia de vida de la familia (nivel de estudios, profesión, separaciones, segundas nupcias, enfermedades y accidentes, mudanzas, desarraigos, etc. incluyendo guerras, traumas, incendios, catástrofes) y los lazos afectivos (sociométricos) entre las personas. Es una técnica desarrollada por Anne Ancelin Schützenberger realizada a partir de los estudios de J. L. Moreno sobre el «átomo social» y relacional de cada persona y que va más allá del genograma.

Hijo de sustitución: hijo o hija concebido y nacido para reemplazar a un hijo amado que ha fallecido, a menudo prematuramente, pero a veces también a un padre o un abuelo. Es el caso de Dalí y también de Van Gogh, nacido un año después de la muerte de su hermano Vincent. Según André Green,[*] el hijo de sustitución tiene una madre «muerta», o lo que es lo mismo, como si estuviera muerta para él porque ella se encuentra todavía en duelo, e incluso tiene depresión, y se ocupa de él pero sin verlo realmente. A menudo, aunque no siempre, este hijo se vuelve esquizofrénico o fallece de forma prematura. Algunos niños, en cambio, son el foco de atención y son muy amados, como es el caso del niño «reparador».

Hipnosis ericksoniana: también llamada «hipnosis sin hipnosis». Generalmente se suele oponer la hipnosis clásica, heredada del siglo XIX, en la que la inducción hipnótica pasa por técnicas estereotipadas, más autoritarias e invasivas, a la hipnosis ericksoniana, llamada así por el psiquiatra estadounidense Milton Hyland Erickson (1901-1980), que utilizó ampliamente esta práctica. Erickson había desarrollado un enfoque centrado en las especificidades de cada individuo. De hecho, este tipo de hipnosis es la que utilizan la mayoría de los profesionales de la

---

[*] N. de la T.: Psiquiatra y psicoanalista francés (1927-2012).

salud aunque sin ser conscientes de ello. Se basa esencialmente en una amplia gama de técnicas de comunicación, que van desde la comunicación no verbal, en la que se observan todos los mensajes corporales de la persona que busca ayuda, hasta la utilización del humor, la confusión, las órdenes paradójicas y los dobles vínculos terapéuticos. Para Erickson, la experiencia hipnótica, algo cotidiano y común para cada uno de nosotros, es ante todo una situación de aprendizaje. Este aprendizaje consiste, para cada paciente, en utilizar su resistencia al cambio para sortearla de una manera genuina y en una verdadera estrategia de «judo mental». La influencia de Erickson, gracias a la inventiva de sus intervenciones y a la riqueza de su enfoque clínico, ha trascendido ampliamente el campo de la hipnosis. Aunque el objetivo de la hipnosis ericksoniana no es curar, sino llevar al sujeto hacia su capacidad para transformarse, también entran en juego elementos de transferencia de tipo psicoanalítico, como en todas las relaciones humanas, pero idealmente no de manera inconsciente por parte del terapeuta.

Manometría rectal: técnica que sirve para medir la presión en el ano y el recto. Se introduce en el recto una pequeña sonda de plástico, no más grande que un termómetro. Esta contiene varias tuberías que permiten registrar la presión en diferentes niveles.

Proctoscopia: examen del recto mediante un tubo rígido de 25 centímetros de largo que lleva una luz al final. Antes de la aparición de los colonoscopios, era el único instrumento disponible para examinar visualmente el intestino grueso. Sigue siendo indispensable, aunque no esté muy «a la moda», salvo para los cirujanos especialistas en enfermedades del colon y el recto que lo utilizan para ver bien las lesiones en la parte más baja del recto.

Psicodrama: técnica creada y desarrollada por J. L. Moreno que consiste en representar y escenificar momentos de la propia vida pasada, presente, futura o incluso imaginaria, en lugar de simplemente hablar de ellos. Implica experiencia corporal y relacionarse con los demás.

Con frecuencia se utilizan cuatro técnicas importantes (el lector interesado en profundizar puede consultar el libro *Le psychodrame* [El psicodrama], París, ediciones Payot, 2003, de Anne Ancelin Schützenberger, que contiene un centenar de técnicas, un glosario y una extensa bibliografía):

- *El cambio o inversión de roles.* Cada uno toma el rol y el lugar de la persona con la que tiene problemas (padre o madre, jefe, empleado, profesor, hermano o hermana, hijo, etc.), o incluso del animal u objeto que se los causa, y se expresa «en el lugar del otro», lo que ayuda a comprender muchas cosas.
- *La proyección hacia el futuro.* Se escenifica la situación tal y como nos la imaginamos dentro de cinco o diez años y se explora de manera psicodramática.
- *La realidad excedente o doblaje.* Ante un acontecimiento difícil de la vida (por ejemplo, decir adiós a tiempo a un padre o madre moribundo al que

no llegamos a ver o, en el caso de un huérfano, estar frente a su progenitor vivo), se actúa como si pudiéramos ir atrás en el tiempo y así ofrecemos la posibilidad de expresar sentimientos, ternura y todo aquello que permita salir del sufrimiento.

- *El juego de roles*. Aplicación del psicodrama en la educación, en la industria, en terapia familiar.

Reflejo rectoanal inhibitorio: cuando el recto está distendido, por ejemplo, por la introducción de un globo que una vez dentro se infla, el ano se relaja, y este relajamiento puede ser registrado mediante manometría anorrectal. Este reflejo siempre está ausente en la enfermedad de Hirschsprung. Sin embargo, pueden existir errores de laboratorio, lo que nos lleva a decir que si se registra un reflejo, no se trata *nunca* de la enfermedad de Hirschsprung, mientras que si no se encuentra dicho reflejo, se debe considerar esa posibilidad.

Resistencia al cambio: los estudios del psicólogo Kurt Lewin han demostrado que cambiar no es tan sencillo como se podría pensar: se desarrolla una «resistencia al cambio» (estudiada en dinámica de grupo), pero a continuación siempre aparece un «equilibrio casi estacionario», es decir, poco estable. Luego, un estudio de todas las fuerzas presentes permite encontrar la fuerza o la herramienta que genera una pequeña transformación que desencadenará otras.

Nos confrontamos a esta resistencia al cambio cada vez que sucede un cambio de vida, de costumbres alimentarias o de otro tipo, de creencias, de modos de pensar, de actuar, de respirar, de postura, lo que explica que un cambio rápido y brutal provoque una reacción en el organismo, o en la familia, o en la sociedad, y que los verdaderos cambios requieran a menudo tiempo o necesiten ser reforzados.

BIBLIOGRAFÍA

Abraham, N., Trok, M., *La corteza y el núcleo*, Buenos Aires, Amorrortu editores, 2005.

Ancelin Schützenberger, A., *¡Ay, mis ancestros!*, Madrid, Taurus, 2013.

_____ *Le Psychodrame* [El psicodrama], tercera edición aumentada, París, Payot, colección Petite Bibliothèque Payot, 2003.

_____ *Les secrets de famille, les non-dits et le syndrome d'anniversaire* [Los secretos de familia, las cosas no dichas y el síndrome del aniversario], en J. Aïn (dir.), *Transmissions, liens et filiations. Secrets et répétitions*, Toulouse, Érès, 2003, p. 149-171.

_____ *Contribution à une histoire de vie* [Contribución a una historia de vida] en V. de Gauléjac (dir.), *Histoire de vie et choix théoriques. Femmes et sciences sociales*, París, L'Harmattan, 2003.

_____ *C'est le corps qui triomphe* [Es el cuerpo el que triunfa], en W. Barral, *Françoise Dolto, c'est la parole qui fait vivre. Une théorie corporelle du langage*, segunda edición., París, Gallimard, 2003.

_____ *La sérendipité* [La serendipia], en *Hommage au Doyen Zeiss*, Niza, Publicaciones de la Facultad de Letras, Artes y Ciencias Humanas de Niza, n.º 2, 1996, p. 60-81.

_____ *La voluntad de vivir: la ayuda a un enfermo de cáncer*, Buenos Aires, Omeba, 2005.

_____ *Contribution à l'étude de la communication non verbale* [Contribución al estudio de la comunicación no verbal], tesis de doctorado de Estado de la Universidad París-VII, París, Universidad de Lille-III/Librairie Champion, 1978.

223

Ancelin Schützenberger, A., Bissone Jeufroy É., *Salir del duelo: superar el dolor y reaprender a vivir*, edición aumentada, Madrid, Taurus, 2007.

Anzieu, D., *Las envolturas psíquicas*, Buenos Aires, Amorrortu editores, 2005.

Badgley, R., *Sexual Offenses Against Children. The Badgley Report* [Delitos sexuales contra menores: el Informe Badgley], Donald McDonald Law y Government Division, Research Branch, Otawa, Canadá, Library of Parliament, 1984.

Barral, W. (dir.), *Françoise Dolto, c'est la parole qui fait vivre. Une théorie corporelle du langage* [Françoise Dolto, es la palabra lo que hace vivir: una teoría corporal del lenguaje], segunda edición, París, Gallimard, 2003.

Bateson, G., *Pasos hacia una ecología de la mente*, Buenos Aires, Lohlé-Lumen, 1997.

Bateson, G., Jackson D. D., Haley J., Weakland J. H., *Toward a theory of schizophrenia* [Hacia una teoría de la esquizofrenia], Behavioral Scientist, 1, 1956, pp. 251-254.

Bion, W. R., *Second Thoughts* [Pensamientos secundarios], Londres, Karnak Books, 1984.

Birdwhistell, R. L., *Kinesics and Context. Essays on Body Motion Communication* [Kinésica y contexto: ensayos sobre comunicación a través del movimiento corporal], University of Philadelphia Press, 1970.

Bouchoucha, M., Devroede, G., Arhan, P., Sstrom, B., Weber, J., Cugnenc, P. H., Denis, P., Barbier, J. P., «What is the meaning of colorectal transit time measurement?», *Diseases of Colon and Rectum*, 35 (8), 1992, p. 773-783.

Boszormenyu-Nagy, I., Spark, G. M., *Lealtades invisibles: reciprocidad en terapia familiar intergeneracional*, Buenos Aires, Amorrortu editores, 2013.

Bowen, M., *La Différenciation de soi* [La diferenciación de sí mismo], París, ESF, 1984.

Cannon, W. B., *The Way of an Investigator* [El camino de un investigador], Nueva York, Norton, 1945.

Charron, R., «The narrative road to empathy», en *Empathy and the Medical Profession. Beyond Pills and the Scalpel*, H. Spiro, New Haven, Yale University Press, 1993, pp. 147-159.

Charron, R., Greene, M., Adelman, R., «Multidimensional interaction analysis. A collaborative approach to the study of medical discourse», *Social Science and Medicine*, 39, 1994, pp. 955-965.

Corneau, G., *Père manquant, fils manqué. Que sont les hommes devenus?* [Padre ausente, hijo echado a perder: ¿en qué se han convertido los hombres?], París, Éditions de l'Homme, 1989.

Cyrulnik, B., *El murmullo de los fantasmas: volver a la vida después de un trauma*, Barcelona, Gedisa, 2003.

_____*La maravilla del dolor: el sentido de la resiliencia*, Buenos Aires, Granica, 2006.

Dejours, C., *Le Corps, d'abord. Corps biologique, corps érotique et sens moral* [El cuerpo lo primero: cuerpo biológico, cuerpo erótico y moral], París, Payot, colección Petite Bibliothèque Payot, 2003.

Devroede, G., *Ce que les maux de ventre disent de notre passé* [Lo que los dolores de estómago dicen de nuestro pasado], París, Payot, colección Petite Bibliothèque Payot, 2003.

_____«Early life abuses in the past history of patients with gastrointestinal tract and pelvic floor dysfunction», capítulo X en *The Biological Basis for Mind-Body Interactions*, E. A. Mayer, C. B. Saper (dir.), Amsterdam, Lausanne, Nueva York, Oxford, Singapour, Tokio, Elsevier Science BW, coll. Progress in Brain Research, vol. 122, pp. 131-155.

_____«Psychophysiological considerations in subjects with chronic idiopathic constipation», capítulo XXII en *Constipation. Etiology, Evaluation and Management*, S. D. Wexner, D. C. C. Bartolo (dir.), Oxford, Butterworth Heinemann, 1995, pp. 103-134.

_____«Constipation», capítulo XXXVII en *An Illustrated Guide to Gastrointestinal Motility*, D. Kumar, D. L. Wingate (dir.), segunda edición, Edimburgo, Churchill Livingstone, 1994, pp. 595-654.

_____»Radiopaque marker measurement of colorectal transit», en *Atlas of Gastrointestinal Motility in Health and Disease*, M. M. Schuster (dir.), Baltimore, Williams & Wilkins, 1993, pp. 57-75.

_____»Constipation: a sign of a disease to be treated surgically, or a symptom to be deciphered as non verbal communication?», J. Clin. *Gastroenterology*, 15 (3), 1992, pp. 189-191.

Dolto, F., *Tu as choisi de naître, Parler vrai; N'ayez pas peur* [Elegiste nacer; Hablar sin tapujos; No tengáis miedo], películas de E. Coronel y A. de Mezamat, París, Éditions Montparnasse/ Abacaris Films, 1993.

_____*En el juego del deseo. Psicología y etología*, Siglo XXI de España editores, 2004.

_____*Inconscient et Destin* [Inconsciente y Destino], París, Seuil, 1988.

_____*La imagen inconsciente del cuerpo*, Paidós, 2010.

Dolto, F., Ariès, P., «L'enfant isolé des adultes», en *L'Enfant d'abord*, n.º 92, diciembre de 1984.

Drossman, D. A., Corazziari, E., Talley, N. J., Thompson, W. G., Whitehead, W. E., «Rome II. A multinational consensus document on functional gastrointestinal disorder», *Gut.*, 45 (supl. II), 1999, p. 1-81.

Drossman, D. A., Leserman, J., Nachman, G., Li, Z. M., Gluck, H., Toomey, T. C., Mitchell, C. M., «Sexual and physical abuse in women with functional or organic gastrointestinal disorders», *Ann. Int. Med.*, 113, 1990, pp. 828-833.

Drossman, D. A., McKee, D. C., Sandler, R. S., Mitchell, C. M., Cramer, E. M., Lowman, B. C., Burger, A. L., «Psychosocial factors in the irritable bowel syndrome. A multivariate study of patients and non patients with irritable bowel syndrome», *Gastroenterology*, 95 (3), 1988, pp. 701-708.

Drossman, D. A., Talley, N. J., Leserman, J., Olden, K. W., Barreiro, M. A., «Sexual and physical abuse and gastrointestinal illness. Review and recommendations», *Ann. Int. Med.*, 123, 1995, pp. 782-794.

Dumas, D., *La Bible et ses fantômes* [La Biblia y sus fantasmas], París, Desclée de Brouwer, 2001.

_____ *Sans père et sans parole. La place du père dans l'équilibre de l'enfant* [Sin padre y sin voz: la posición del padre en el equilibrio del niño], París, Hachette Littératures, 1999.

_____ «L'image inconsciente du corps dans la mobilité corporelle et sexuelle de l'esprit», en *Françoise Dolto, c'est la parole qui fait vivre. Une théorie corporelle du langage*, W. Barral (dir.), segunda edición, París, Gallimard, 2003.

_____ *L'Ange et le Fantôme. Introduction à la clinique de l'impensé généalogique* [El ángel y el fantasma: introducción a la clínica de lo impensado genealógico], París, Minuit, 1985.

Feldman, P. C., Villanueva, S., Lanne, V., Devroede, G., «Use of play with clay to treat children with intractable encopresis», *Journal of Paediatrics*, 122 (3), 1993, pp. 483-487.

Festinger, L., *Teoría de la disonancia cognoscitiva*, Instituto de Estudios Políticos, 1975.

Freud, S., *Tótem y tabú: algunas concordancias entre la vida anímica de los salvajes y la de los neuróticos*, Madrid, Akal, 2018.

_____ *El yo y el ello*, Amorrortu editores, 2016.

_____ *El malestar en la cultura*, Madrid, Alianza editorial, 2010.

Gauléjac, V. DE, *L'Histoire en héritage* [La historia como herencia], París, Desclée de Brouwer, 1999.

_____ *Les Sources de la honte* [Las fuentes de la vergüenza], París, Desclée de Brouwer, 1996.

_____ *La Névrose de classe* [La neurosis de clase], París, Hommes & Groupes, 1987.

Greene, M., Adelman, R., Freidmann, E., Charron, R., «Older patient satisfaction with communication during an initial medical encounter», *Social Science and Medicine*, 38, 1994, pp. 1279-1288.

Guthrie, E., Creed, F., Dawson, D.M., Torrensen, B., «A controlled trial of psychological treatment for the irritable bowel syndrome», *Gastroenterology*, 100, 1991, pp. 450-457.

Guthrie, E., Creed, F., Whorwell, P. J., «Severe sexual dysfunction in women with the irritable bowel syndrome: comparison with inflammatory bowel disease and duodenal ulceration,

British Medical Journal». *Clinical Research*, 295 (6598), 1987, pp. 577-578.

Guy-Guillet, G., *La Blessure de Narcisse* [La herida de Narciso], París, Albin Michel, 1994.

Harrus-Révidi, G., *Parents immatures et enfants adultes* [Padres inmaduros e hijos adultos], París, Payot, col. *Petite Bibilothèque Payot*, 2004.

Hémond, M., Bédard, G., Bouchard, H., Arhan, P., Watier, A., Devroede, G., «Step-by-step anorectal manometry: small balloon tube», en L. E. Smith (dir.), *Practical Guide to Anorectal Testing*, segunda edición, Nueva York, Tokio, Igaku-Shoin, 1995, pp. 101-141.

Hero, M., Arhan, P., Devroede, G., Jehannin, B., Fverdin, C., Babin, C., Pellerin, D., «Measuring the anorectal angle», *Journal of Biomedical Engineering*, 7, 1985, p. 321-325.

Hilgard, J.R., «The anniversary syndrome as related to late-appearing mental illness in hospitalised patients», en Silver *et al.*, *Psychoanalysis and Psychosis*, Madison International University Press, 1989.

_____«Parental loss by death in childhood as an etiological factor among schizophrenic and alcoholic patients compared with a non-patient community sample», *Journal of Nervous and Mental Diseases*, 137, 1963, pp. 14-28.

_____«Anniversary reactions in parents precipitated by children», *Psychiatry*, 16, 1953, pp. 73-80.

Hilgard, J. R., Newman, M., «Evidence for functional genesis in mental illness: schizophrenia, depressive psychoses and psychoneuroses», *J. Nerv. Mental Dis.*, 132 (1), 1961, pp. 3-16.

Holmes, T., Rahe, R., «The social readjustment rating scale», *Journal of Psychosomatic Research*, 11, 1967, p. 213-218.

Jost, W. H., Schrank, B., Herold, A., Lein, O., «Functional outlet obstruction: anismus, spastic pelvic floor syndrome, and dyscoordination of the voluntary sphincter muscles», *Scand. J. Gastroenterol.*, 5, 1999, pp. 449-456.

Kaës, R. (dir.), *Transmission de la vie psychique entre générations* [Transmisión de la vida psíquica entre generaciones], París, Dunod, 2001.

Klauser, A. G., Voderholzer, W. A., Heinrich, C. A., Schindlbeck, N. E., Muller-Lissner, S. A., «Behavioral modification of colonic function. Can constipation be learned?», *Digestive Diseases and Sciences*, 35 (10), 1990, pp. 1271-1275.

Kubler-Ross, *Sobre la muerte y los moribundos. Una lección de vida para médicos, enfermeras y familias*, Barcelona, B de Bolsillo, 2019.

Kuijpers, H. C., Bleijenberg G., «The spastic pelvic floor syndrome. A cause of constipation», *Dis. Colon Rectum*, 28, 1985, pp. 669-672.

Lani, M., «À la recherche... de la génération perdue. Histoire de tragédies "en" et "sans" famille», París, *Hommes & Perspectives/Journal des Psychologues*, 1990.

Laplante, P., «The conrade syndrome. The biological, psychological and social impact of pregnancy on the expectant father», *Can. Fam. Physician*, 37, 1991, pp. 1633-1636.

Leader, D., *Freud's Footnotes*, Londres, Faber & Faber, 2000, traducción francesa *La Question du genre et autres essais psychanalytiques*, París, Payot, 2001.

Lebovici, S., «Surmoi II. Les développements postfreudiens», *Monographies de la Revue française de Psychanalyse*, París, PUF, 1995.

Lerner, H., *La danza de la ira. Guía femenina para transformar las relaciones personales*, Madrid, Gaia, 2021.

Leroi, A. M., Bernier, C., Watier, A., Hémond, M., Goupil, G., Black, R., Denis, P., Devroede, G., «Prevalence of sexual abuse among patients with functional disorders of the lower gastrointestinal tract», *International Journal of Colorectal Disease*, 10, 1995, pp. 200-206.

Leroi, A. M., Berkelmans, I., Denis, P., Hémond, M., Devroede, G., «Anismus as a marker of sexual abuse: consequences of sexual abuse on anorectal motility», *Digestive Diseases and Sciences*, 40 (7), 1995, pp. 1411-1416.

Leshan, L., *You Can Fight For Your Life* [Tú puedes luchar por tu vida], Nueva York, M. Evans & Co, 1980.

Levy, R. L., Jones, K. R., Whitehead, W. E., Feld, S. I., Talley, N. J., Corey, L. A., «Irritable bowel syndrome in twins: heredity and social learning both contribute to etiology», *Gastroenterology*, 121, 2001, pp. 799-804.

Levy, R. L., Whitehead, W. E., Von Korff, M. R., Feld, A. D., «Intergenerational transmission of gastrointestinal illness behavior», *The American Journal of Gastroenterology*, 95 (2), 2000, pp. 451-456.

Lewin, K., *Principles of Topological Psychology* [Principios de psicología topológica], Londres, McGraw-Hill, 1936.

McDougall, J., *Eros aux mille visages* [El Eros de las mil caras], París, Gallimard, 1996.

Malarewicz, J.-A., *Cours d'hypnose clinique* [Curso de hipnosis clínica], París, ESF, 1990.

Martelli, H., Faverdin, C., Devroede, G., Goulet, O., Jais, J.-P., Hambourg, M., Besançon-Lecointe, I., Arhan, P., «Can functional constipation begin at birth?», *Gastroenterology International*, 11 (1), 1998, pp. 1-11.

Martelli, H., Devroede, G., Arhan, P., Duguay, C., Dornic, C., Faverdin, C., «Some parameters of large bowel mobility in normal man», *Gastroenterology*, 75, 1978, pp. 612-618.

Martelli, H., Devroede, G., Arhan, P., Duguay, C., «Mechanisms of idiopathic constipation: outlet obstruction», *Gastroenterology*, 75, 1978, pp. 623-631.

May, R., *Le Désir d'être* [El Deseo de ser], París, Épi, 1973.

——*Psychologie existentielle* [Psicología existencial], París, Épi, 1971.

Mead, M., «From intuition to analysis in communication research», *Semiotics*, 1 (1), 1969, pp. 13-25.

Miller, A, *El cuerpo nunca miente*, Barcelona, Tusquets, 2020.

——*L'Enfant sous terreur. L'ignorance de l'adulte et son prix* [El niño aterrorizado. La ignorancia del adulto y su precio], París, Aubier, 1986.

———*Por tu propio bien. Raíces de la violencia en la educación del niño*, Barcelona, Tusquets, 2021.

———*El drama del niño dotado y la búsqueda del verdadero yo*, Barcelona, Tusquets, 2020.

Moreno, J. L., *Psychothérapie de groupe et psychodrame* [Psicoterapia de grupo y psicograma], París, PUF, 1965.

Nachin, C., *Les Fantômes de l'âme. À propos des héritages psychiques*, París, L'Harmattan, 1993.

Pennebaker, J. W., Kiecolt-Glaser, J. K., Glaser, R., «Disclosure of traumas and immune function. Health implications for psychotherapy», *Journal of Consulting and Clinical Psychology*, 56 (2), 1988, pp. 239-245.

Preston, D. M., Lennard-Jones, J.E., «Anismus in chronic constipation», *Digestive Diseases and Sciences*, 30 (5), 1985, pp. 413-418.

Provis, M., *La soupe aux cailloux* [Sopa de guijarros], París, Mazarine, 2000.

Rappaport, M., *Des mots pour guérir les maux* [Palabras para curar males], McGill News-Alumni Quaterly, Québec (Canadá), verano de 2003.

Ricoeur, P., *Sí mismo como otro*, Siglo XXI editores, 2006.

Roustang, F., *Qu'est-ce que l'hypnose?* [¿Qué es la hipnosis?], París, Minuit, 1994.

Sami-Ali, *Corps réel, corps imaginaire. Pour une épistémologie du somatique* [Cuerpo real, cuerpo imaginario. Por una epistemología de lo somático], segunda edición, París, Dunod, 1998.

Scrignar, C.B., *Post-Traumatic Stress Disorder* [El desorden de estrés postraumático], Wesport, Praeger Publ., 1984.

Servan-Schreiber, D., *Curación emocional: acabar con el estrés, la ansiedad y la depresión sin fármacos ni psicoanálisis*, Barcelona, DeBolsillo, 2010.

Sheldrake, R., *La presencia del pasado. Resonancia mórfica y hábitos de la naturaleza*, Barcelona, Kairós, 1990.

Spitz, R., *De la naissance à la parole* [Del nacimiento a la palabra], París, PUF, 1969.

Stern, D. N., *El mundo interpersonal del infante: una perspectiva desde el psicoanálisis y la psicología evolutiva*, Paidós, 1991.

Tisseron, S., *Nos secrets de famille. Histoire et mode d'emploi* [Nuestros secretos de familia: historia y modo de empleo], París, Ramsay, 1999.

_____*Tintin chez le psychanalyste* [Tintín en el psicoanalista], París, Aubier-Archimbaud, 1985.

Trevarthen, C., «Les racines du langage avant la parole», *Devenir*, vol. III, n.º 3, 1997.

Verduron, A., Devroede, G., Bouchoucha, M., Arhan, P., Schang, J. C., Poisson, J., Hémond, M., Hébert, M., «Megarectum», *Dig. Dis. & Sci.*, 33 (9), 1988, pp. 1164-1174.

Vigouroux, F., *Le Secret de famille* [El secreto de familia], París, PUF, 1993.

Wald, A., Hinds J. P., Camana B. J., «Psychological and physiological characteristics of patients with severe idiopathic constipation», *Gastroenterology*, 97, 1989, pp. 932-937.

Walker, E. A. *et al.*, «Dissociation in women with chronic pelvic pain», *American Journal of Psychiatry*, 149 (4), 1992, pp. 534-537.

Watier, A., Feldman, P., Martelli, H., Arhan, P., Devroede, G., «Hirschsprung's disease», en *Bockus Gastroenterology*, W. B. Haurbrich, F. Schaffner (dir.), quinta edición, W. J. Snape, 1995.

Watzlawick, P., Beavin, J., *Teoría de la comunicación humana: interacciones, patologías y paradojas*, Barcelona, Herder, 1981.

Welgan, P., Meshkinpour, H., Beeler, M., «Effect of anger on colon motor and myoelectric activity in irritable bowel syndrome», *Gastroenterology*, 94, 1988, pp. 1150-1156.

Welgan P., Meshkinpour, H., MA., L., «Role of anger in antral motor activity in irritable bowel syndrome», *Digestive Diseases and Sciences*, 45 (2), 2000, pp. 248-251.

Whorwell, P. J., Prior, A., Colgan, S. M., «Hypnotherapy of severe irritable bowel syndrome: further experience», *Gut.*, 28, 1987, pp. 423-425.

Whorwell, P. J., Prior, A., Faragher, E.B., «Controlled trial of hypnotherapy in the treatment of severe refractory irritable bowel syndrome», *Lancet*, 2, 1984, pp. 1232-1234.

Winnicott, D. W., *Realidad y juego*, Barcelona, Gedisa, 2002.

_____*Psicoanálisis de una niña pequeña (The Piggle)*, Barcelona, Gedisa, 1998.

Yehouda, R., «Low urinary cortisol excretion in Holocaust survivors with post-traumatic stress disorders», *American Journal of Psychiatry*, 152, 1995, pp. 982-996.

Zeigarnik, B., «Das behalten erledigter und unerledigter handlungen», *Psychologische Forschung*, 9, 1927, pp. 1-85, resumen en *On finished and unfinished tasks* en *A Source Book of Gestalt Psychology*, W. D. Ellis, New York, Harcourt Brace, 1938.